MON DERNIER REPAS

MON DERNIER REPAS

50 chefs-étoiles et leur repas ultime

Portraits, entrevues et recettes

MELANIE DUNEA

INTRODUCTION : ANTHONY BOURDAIN

CONCEPTION GRAPHIQUE DU LIVRE : GIOVANNI CARRIERI RUSSO / NOII, INC.

TRADUCTION DE L'ANGLAIS : KURT MARTIN

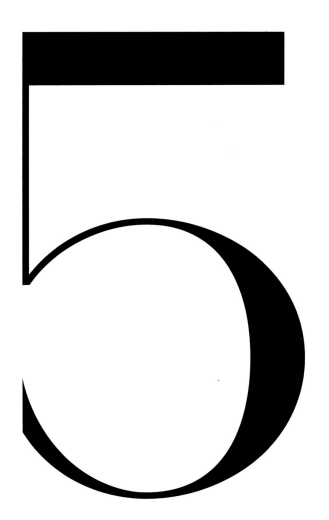
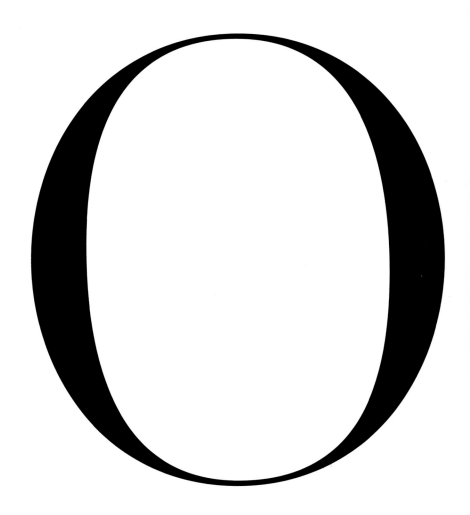

À Nigel

CHEE

TON
PARLE

Y Les chefs ont joué au jeu de « Mon dernier repas », dans une version ou une autre, depuis que les êtres humains se sont réunis autour d'un feu pour cuisiner. Que ce soit tard le soir, après la fermeture de leurs cuisines, assis à une table branlante en périphérie des Halles dans le Paris du dix-neuvième siècle, autour d'un vin ordinaire, ou en grignotant les morceaux de poulet d'une brochette dans les *isakayas* nocturnes à Tokyo, ou perchés au bar sombre d'un restaurant new-yorkais fermé, en dégustant des millésimes chapardés qu'ils ne pourraient autrement s'offrir, il y a en a toujours un qui a demandé : « Si vous deviez mourir demain, quel plat, quelle bouchée de nourriture provenant de n'importe quel endroit sur le globe ou de n'importe quelle époque de votre vie prendriez-vous en dernier ? Que choisiriez-vous comme dernier repas sur Terre ? »

J'ai joué le jeu moi-même des centaines de fois : avec mon équipe à Manhattan, avec des cuisiniers à la chaîne à San Francisco et Portland, avec des chefs de Sydney à Kuala Lumpur, en passant par São Paulo — et avec plusieurs des personnages de ce livre. Il est remarquable de constater que la plupart de leurs choix sont simples, rustiques et humbles. Ce sont des gens qui, la plupart du temps, ont bien mangé et en abondance. Ils connaissent le goût d'une truffe blanche. Le bélouga le plus raffiné ne recèle aucun mystère pour eux. Le thon otoro à trois cents dollars la livre et la coupe la plus onctueuse de bœuf Kobe ne représentent rien de nouveau pour eux. De nombreuses personnes citées dans ce livre se connaissent mutuellement. À cet égard, être un chef ressemble beaucoup à faire partie de la Mafia. Tout le monde connaît tout le monde. Deux degrés nous séparent seulement, nous faisons partie de la même sous-culture — et sommes souvent à un coup de fil de nous asseoir à la « table du chef » dans une cuisine à l'autre bout du monde. Je ne me vante pas. C'est un simple état de choses : peu importe qui vous êtes, combien riche vous êtes, vous n'avez jamais aussi bien mangé que la plupart des chefs. Feuilletez les pages de ce livre et vous tomberez probablement sur quelqu'un qui a mangé chez Arzak, El Bully, The French Laundry, Ducasse, Tetsuya, Masa, Le Bernardin, et plusieurs, plusieurs autres — le plus souvent dans la cuisine, et aussi fréquemment avec le chef —, et récemment. Alors que les chefs voyagent tellement à notre époque — s'occupant d'établissements éloignés, recevant une distinction dans des salons de la gastronomie ou agissant à titre de consultants pour le volet restauration d'un hôtel ou d'un casino —, plusieurs ont également savouré les délices de la restauration en plein air à Singapour, les repas kaiseiki élaborés du Japon, les traditions culinaires ancestrales de la Chine continentale, et toutes les variétés de produits exotiques comestibles. Il est connu que des fromages sardes puants, mais toutefois délicieux, des vins renommés et du gibier à plumes rare et illégal, se sont retrouvés à certaines de leur table. Tout cela pour dire que les chefs connaissent les bonnes choses. Et qu'ils en ont bien profité.

Malgré cela, lorsque nous nous demandons à nous-mêmes, et mutuellement — si nous étions attachés à une chaise, attendant la décharge électrique fatale —, quel est le dernier goût que nous souhaiterions garder de la vie, nous semblons désirer des choses qui évoquent des temps plus simples ou difficiles. Une croûte de pain avec du beurre. Un canard confit dans une maison délabrée. De la nourriture de pauvres. Une nourriture de classe défavorisée, mais (seulement dans l'abstrait) relativement insouciante. Lorsque nous pensons à ce que nous voulons manger avant de quitter ce monde, nous quittons les habits du dominateur bruyant, de la personnalité de type A, obsessive, que nous sommes devenus pour retrouver la tenue de l'enfant que nous fûmes un jour. Ce n'est pas que chacun de nous fut un enfant heureux, mais nous avons tous semblablement été des enfants. Si la cuisine professionnelle se rapporte au contrôle — manipulation des gens, des ingrédients et des forces physiques, mystérieuses de l'univers culinaire pour obtenir du succès ; toujours à

anticiper, toujours à préparer, toujours à dominer son environnement
—, alors bien manger se rapporte à la soumission. À l'abandon.

Melanie Dunea a réussi à convaincre un bon nombre des
meilleurs et des plus célèbres chefs au monde de s'abandonner. De se
comporter pendant un moment en enfant, lui permettant de capter ce
moment sur pellicule. Être gamin, ou jouer à l'adulte qu'ils
souhaiteraient être. Sans aucun doute, le rêve d'une mort noble à
Versailles de Daniel Boulud est un fantasme d'enfant (même si le
scénario n'est pas si inconcevable qu'il en paraît). Pour un homme
dont le nom a été inexorablement associé à El Bulli (le bouledogue), il
est surprenant que Ferran Adrià n'ait jamais été photographié
auparavant avec l'un de ces animaux. Le résultat, je crois, capture
l'espièglerie inhérente au chef et à son équipe. Le plumage de Mario
Batali exprime sûrement un désir de se travestir et ses rêves démesurés
de grandeur. Suzanne Goin est croquée en plan figé à la plage, comme
un jeune Antoine Doinel au bord de l'eau. Laurent Tourondel
s'empare d'un beignet Krispy Kreme (même s'il voudrait le déguster
avec une bière d'adulte). Giorgio Locatelli semble peu commode : il est
improbable qu'il laisse filer son maquereau. Et je suppose que Jamie
Oliver est photographié devant l'Union Jack à bon droit. Il le mérite

bien. Eric Ripert et José Andrés jouent avec leur nourriture. Lidia Bastianich s'en habille.

Deux de mes photographies préférées de ce recueil montrent des adultes et des enfants. L'incroyable équipe de chefs père-fille, formée de Juan Mari et Elena Arzak, se tient gauchement au garde-à-vous, l'un séparé de l'autre, comme s'il fallait distinguer la réussite exemplaire et les talents de la fille de ceux de son père. Ils semblent peu expressifs, mais l'amour et le respect entre les deux emplissent l'espace vide. C'est le père qui rayonne comme un écolier fier — à quelques pas de sa plus grande réussite. Et, bien sûr, Gabrielle Hamilton se rend directement à l'essentiel du travail que les chefs accomplissent d'une manière routinière : nourrir les autres.

Je suis ambivalent relativement à ma photographie. J'ai toujours blagué (comme l'a déjà suggéré un comédien) que « je veux quitter ce monde comme j'y suis entré, c'est-à-dire nu, en criant et couvert de sang », mais je pense que Melanie m'a un peu trop pris au mot. Je crois que nous conviendrons tous qu'il n'est probablement pas très sage de mettre sa carrière en jeu après quatre verres de tequila séchés d'un trait.

Peut-être considérait-elle que c'était plus économique que de m'amener dans le décor de Versailles...

— ANTHONY BOURDAIN

Le décor du déjeuner — car ce serait un déjeuner — serait un samedi d'été à la maison, à la table de la cuisine. La fenêtre serait grande ouverte, pour entendre la rumeur de la rue en contrebas. Je préparerais le déjeuner pour la famille et les amis. Pour commencer, nous prendrions plusieurs plats d'oursins verts arrosés de muscadet, puis une cigarette avant le fromage, un excellent bourgogne rouge, et du fromage de chèvre, le tout suivi d'une cuillerée de glace au beurre de cacao noir pour chacun.

Nous terminerions avec du café corsé, beaucoup de Vieille Prune, et plus de cigarettes. À ce moment, il pourrait y avoir de la musique, et les gens pompettes danseraient sous la houlette de Wilson Pickett. Cela devrait permettre d'adoucir l'estocade.

Y AURAIT-IL
DE LA MUSIQUE?

Seulement la télé, en

arrière-fond.

Quel serait votre dernier repas sur Terre ?

Je prendrais une grande marmite de spaghettis all'arrabiata faits avec trois variétés de chiles. C'est tendre, doux et soyeux — l'aliment réconfort par excellence. Si je devais prendre un dessert, ce serait un pouding au riz maison avec des pêches grillées. Le pouding au riz serait servi très froid, et garni avec les pêches caramélisées brûlantes.

Quel serait le décor du repas ?

Ce serait ma maison dans l'Essex, en cajolant ma compagne sur le sofa. Il y aurait des conneries à la télévision et un feu dans la cheminée. La fenêtre serait à peine ouverte, pour que l'air frais rafraîchisse ma nuque après tous les piments forts contenus dans la sauce des pâtes.

Que boiriez-vous avec votre repas ?

Je prendrais une bouteille de bière Hoegaarden.

Qui seraient vos convives ?

Ma conjointe, Jools, serait à mes côtés.

Qui préparerait le repas ?

Je le préparerais moi-même.

Quel serait votre dernier repas sur Terre ?

Des os à moelle rôtis avec une salade de persil et câpres, plus quelques tranches de baguette grillées et du sel de mer fin.

Quel serait le décor du repas ?

La salle à manger du St. John à Londres — après la fermeture.

Que boiriez-vous avec votre repas ?

Ils servent une Guinness parfaite au St. John.

Y aurait-il de la musique ?

Brian Jonestown Massacre et Curtis Mayfield joueraient sur place — à une distance respectueuse.

Qui seraient vos convives ?

Puisque, selon toute apparence, j'affronterais une mort imminente, je préférerais probablement être seul. Mais en supposant un sang-froid héroïque, un groupe éclectique de convives, du temps présent et du temps passé, pourrait rendre la conversation intéressante : Graham Greene, Kim Philby, Ava Gardner, Louise Brooks, Orson Welles, Iggy Pop, Martin Scorsese, Gabrielle Hamilton, Nick Tosches, Mohammed Ali et Carole Lombard.

Qui préparerait le repas ?

Naturellement, je préférerais qu'il soit préparé et servi par le créateur de ma version favorite : Fergus Henderson, chef et partenaire au St. John. Et, dans un monde idéal, mes copains Eric Ripert, Mario Batali et Gordon Ramsay seraient là pour donner un coup de main. Nous pourrions ensuite sortir et déconner — quand les civils seraient partis.

QUEL SERAIT LE DÉCOR DU REPAS ?

❦

La galerie des glaces d

❦

Versailles

Quel serait votre dernier repas sur Terre ?

Tout dépendrait de la saison et de ce qu'Alain Ducasse voudrait bien cuisiner pour moi. Un repas à plusieurs services comprendrait une soupe, une terrine de foie gras, des fruits de mer, tels que homard ou langoustines, un plat de poisson, peut-être du gibier à plumes comme du pigeonneau, du faisan ou de la perdrix, un plat de bœuf ou d'agneau, un plat de fromages, et, pour finir, au moins deux services de dessert, suivis de chocolats et de petits fours.

Que boiriez-vous avec votre repas ?

Des vins spectaculaires : des Bourgognes blancs, tels que Montrachet Domaine des Comtes Lafon 1986, Montrachet Ramonet 1982, et Musigny Comte de Vogüé 1962 ; des Bourgognes rouges, tels que Domaine de la Romanée-Conti La Tâche 1959 ; puis l'Église-Clinet, Pomerol 1947, et La Mission-Haut-Brion 1955 ; et, de Bordeaux encore, un Château d'Yquem 1921.

Y aurait-il de la musique ?

Mozart et Bono joueraient en personne.

Qui seraient vos convives ?

Je voudrais dîner en compagnie d'Apicius, Bacchus, Marie-Antoine Carême, Escoffier et Paul Bocuse.

Qui préparerait le repas ?

Alain Ducasse, bien sûr.

DANIEL BOULUD

QUE BOIRIEZ-VOUS AVEC VOTRE REPAS ?

Je prendrais du cham[p]
est magique. Les bull[es]
exceptionnel sont co[m]
bonheur. Lorsque je [b]
champagne, mon âm[e]

pagne, parce qu'il

s d'un champagne

me des étincelles de

ois un grand

e est heureuse.

Quel serait votre dernier repas sur Terre ?

J'adore les fruits de mer, alors mon dernier repas serait un menu découverte proposant des fruits de mer variés, préparés de plusieurs façons, inspirées par la cuisine du restaurant Kiccho à Kyoto, au Japon. Parmi les plats que j'aimerais manger, il y aurait du bambou avec des sashimis variés ; des crevettes avec tuzu ; une soupe de palourdes, sésame et algue nori ; du fugu grillé ; des pétoncles avec miso et tartelette aux palourdes ; du daikon avec ormeaux et feuilles de sansho ; des tagliatelle au kuzu avec gingembre fraîchement râpé ; et du taro farci aux edamames et au citron yuzu. Je terminerais le repas avec un fruit de l'Amazonie que je n'aurais jamais goûté auparavant.

Quel serait le décor du repas ?

Je n'aimerais pas prendre mon dernier repas sur Terre, mais, s'il n'y avait pas d'autres choix, je le prendrais au Kiccho. J'ai savouré de nombreux repas dans ma vie, certains si merveilleux qu'ils pourraient indubitablement être considérés comme une expérience esthétique, au même titre qu'une visite au musée ou un spectacle de danse, mais c'est lors de ma visite chez Kiccho que j'ai ressenti le plus fortement ce phénomène.

C'était lors de mon premier voyage au Japon. Nos hôtes avaient annoncé à notre groupe que nous allions dans un restaurant exceptionnel à Kyoto. Mais après avoir visité autant de restaurants, nous pensions qu'il serait difficile de nous surprendre avec un nouveau concept. Qu'avait-il de si particulier ? En quoi se distinguait-il de tant d'autres ? Je vais essayer de vous expliquer. D'abord, nous avons pris le train rapide de Tokyo à Kyoto, puis nous avons flâné dans la ville. Nous sommes arrivés au restaurant à sept heures trente. Il y avait Juli Soler, Albert Adrià, Oriol Castro, nos amis japonais et moi-même. Nous avons senti la magie des lieux en passant la porte ; c'était une impression étrange. Je pense que la magie est toujours impossible à décrire.

Le restaurant est une maison japonaise située dans un magnifique jardin zen. Nous l'avons traversé en direction de la porte principale, et, une fois à l'intérieur, nous avons constaté que cela n'avait rien à voir avec un restaurant dans le sens courant du terme. Il y avait environ cinq ou six pièces différentes, chacune mesurant approximativement soixante mètres carrés. La pièce dans laquelle nous nous sommes installés pouvait recevoir huit personnes. Quatre ou cinq serveuses habillées en kimono étaient également là pour nous servir. Cela faisait une forte impression. Nous avions tous connu les meilleurs restaurants à travers le monde, mais aucun n'était comparable à celui-ci. Il y avait une atmosphère incroyable : la salle à manger était très zen, décorée avec des motifs floraux et peu de choses. Tout cela créait une ambiance magique. Nous n'avions rien mangé encore, mais cela valait déjà la peine d'être là, seulement pour éprouver ces sensations.

On nous a d'abord offert du saké dans une bouteille datant du dix-huitième siècle. Cette bouteille était un bijou en verre, le plus beau que j'aie jamais vu. Je n'avais jamais bu un saké comparable non plus. Tout cela m'annonçait que le repas serait aussi magique que le décor et le cérémonial. La nourriture était de la cuisine traditionnelle japonaise. Chaque mets était présenté sur un superbe plateau de porcelaine fait à la main, dont certains avaient plus d'un siècle. Tout était merveilleux. Ce fut une fiesta gastronomique !

Y aurait-il de la musique ?

J'aimerais écouter de la Fusion, et la même musique berbère que j'ai entendue au restaurant Yacout à Marrakech, au Maroc. Voir les musiciens berbères s'exécuter vous transporte dans des lieux et des temps ancestraux, tandis que le son est en même temps si original et moderne.

Qui seraient vos convives ?

Mes hôtes seraient ma femme, ma famille et mes amis.

Qui préparerait le repas ?

Fantasmons : je voudrais voir Auguste Escoffier revenir dans le monde des vivants, de nombreuses années après l'avoir quitté. Ainsi, je pourrais goûter à sa cuisine en personne. Pour moi, lorsqu'on parle de gastronomie, Escoffier est l'icône. J'aimerais l'écouter parler et, plus que tout, apprendre sa philosophie.

QUI SERAIENT VOS CONVIVES ?

❦

*J'aimerais que mes m[...]
famille immédiate so[...]
environ trente perso[...]
étaient possibles en c[...]
que des êtres chers di[...]
revenir sur Terre po[...]*

❦

eilleurs amis et ma
ent là, ce qui signifie
nes. Si les miracles
tte soirée, j'aimerais
parus puissent
r la durée du repas.

Quel serait votre dernier repas sur Terre ?

Le menu idéal, pour moi, serait un confit de foie gras, avec le foie gras choisi par Robert Dupérier, préparé de façon simple et servi avec du pain de campagne grillé sur un feu de bois ; du caviar Osetra d'Iran servi avec une bonne miche de pain Pullman et un double-crème cru ; des œufs fermiers mollets avec de la truffe du Périgord grossièrement râpée, les œufs étant ramassés par mes jeunes neveux dans leur poulailler le matin même, et la truffe provenant du marché Saint-Alvaire dans le Périgord ; un poulet rôti avec des pommes frites — le poulet proviendrait de Landes, très gros et gras, rôti simplement dans du gras de canard avec de l'ail et des feuilles de laurier, et arrosé durant la cuisson, de façon à ce que la peau soit très croustillante ; la sauce serait faite uniquement avec le jus de cuisson, déglacé dans la poêle et à peine dégraissé ; les frites seraient assez grosses, cuites dans le gras de canard jusqu'à belle consistance croustillante ; un fromage fermier Saint-Nectaire ; un éclair au chocolat ; un gâteau Victoria de Pierre Hermé ; et des fraises sauvages garnies de crème fouettée faite avec du sucre muscovado et servies avec des biscuits sablés (mon père aurait cueilli les fraises dans les jardins que je cultivais enfant).

Quel serait le décor du repas ?

Je voudrais que le repas soit un dîner et qu'il se déroule sur la terrasse de la maison que je loue à Biarritz, laquelle surplombe la mer et offre une magnifique vue panoramique de la côte basque. J'aimerais que le ciel soit suffisamment dégagé pour que nous puissions contempler le coucher du soleil, car ils sont exceptionnels à cet endroit. Je voudrais une seule table pour tous, et je porterais une attention particulière à sa décoration ce soir-là, avec une nappe brodée par ma tante, l'argenterie de ma grand-mère, les serviettes Bernardaud héritées de mon grand-père et des bouquets de lilas et de pois de senteur.

Que boiriez-vous avec votre repas ?

J'aimerais boire un Château d'Yquem avec le foie gras, un Dom Pérignon 1973 avec le caviar, et déguster du Pétrus avec le reste du dîner. Ensuite, un Bas-Armagnac 1967 du Domaine Francis Darroze de Saint-Aubin. Finalement, de l'eau fraîche provenant de la source du moulin à la maison de mes parents.

Y aurait-il de la musique ?

S'il y avait de la musique, ce seraient les suites pour violoncelle seul de Bach. Elles ne sont pas très enjouées, mais elles représentent à mes yeux la plus belle musique du monde. Je ne voudrais toutefois pas de la musique pendant très longtemps, je pense que l'ambiance elle-même serait bien suffisante.

Qui préparerait le repas ?

J'aimerais que le foie gras soit cuisiné par Thierry, mon sous-chef, selon ma propre recette ; le caviar serait choisi par monsieur Petrossian ; et les œufs seraient cuisinés par ma grand-mère Charlotte, en supposant que les miracles soient possibles et qu'elle puisse revenir sur Terre. J'aimerais que ma grand-mère Louise prépare le poulet et les frites, mais, encore une fois, seulement si les miracles sont possibles ce soir-là ; sinon, le poulet serait préparé par ma mère et les frites par mon amie Suzy (qui fait les meilleures au monde après celles que ma grand-mère faisait lorsque j'étais enfant). La crème et le fromage seraient choisis par Marie Quatrehomme, le pain serait préparé par Jean-Luc Poujauran, les desserts par Pierre Hermé, et la crème fouettée et les sablés par Kirk, mon chef pâtissier.

Quel serait votre dernier repas sur Terre ? *Ce serait un plat très simple : une tranche de pain de campagne grillée, de l'huile d'olive, de la truffe noire émincée, du gros sel et du poivre noir.* Quel serait le décor du repas ? *Ça se passerait sous un très gros arbre, un chêne ou un banian.* Que boiriez-vous avec votre repas ? *De la tequila ! Je blague. Je prendrais une bouteille d'un Bordeaux rouge remarquable.* Y aurait-il de la musique ? *Les bruits de la nature seraient suffisants : le vent agitant les branches, et peut-être le chant des oiseaux.* Qui seraient vos convives ? *J'aimerais être entouré des gens que j'aime.* Qui préparerait le repas ? *Ce serait un repas très simple et étonnant. J'aimerais l'apprêter moi-même, pour avoir le plaisir de le concocter une dernière fois.*

Quel serait votre dernier repas sur Terre ?

Mon dernier repas sur Terre serait quelque chose de simple et frais — maquereau et brocoli grillés avec chiles et ail.

Quel serait le décor du repas ?

Une plage en Sicile, au coucher du soleil, avec un feu de joie.

Que boiriez-vous avec votre repas ?

Je prendrais une bouteille de Planeta Cometa 1994.

Y aurait-il de la musique ?

Ma femme, Plaxy, et son amie Antonia chanteraient pendant la soirée, pour autant qu'elles pensent à inclure « Silly Games » de Janet Kay.

Qui seraient vos convives ?

De nombreux amis et la famille. Je voudrais une grande fête sur la plage, sous les étoiles. Peut-on imaginer meilleur départ ?

Qui préparerait le repas ?

Vittorio du Vittorio's à Porto Palo présiderait le barbecue, et il cuisinerait, comme il le fait toujours, en sous-vêtements.

QUI SERAIENT
VOS CONVIVES ?

Mes invités seraient des aliments casher, car mo voir des individus ayant alimentaires savourer d n'auraient autrement p le droit de consommer.

gens qui mangent des
dernier vœu serait de
des restrictions
s aliments qu'ils
as

Quel serait votre dernier repas sur Terre ?

Des sashimis de poisson globe sauvage avec le foie ; du crabe matsuba grillé vivant ; des bajoues de poisson globe frites ; du risotto au shirako, grillé, avec des truffes blanches ; une soupe de poisson globe claire avec nouilles temomi-somen ; et un pouding de testicules de poisson globe avec un vinaigre balsamique de mille ans d'âge.

Quel serait le décor du repas ?

J'aimerais manger sur un bateau.

Que boiriez-vous avec votre repas ?

Un single malt Bowmore versé dans un ballon en glace de glacier.

Y aurait-il de la musique ?

Mozart en direct ; peut-être avec Mozart lui-même revenu spécialement pour jouer.

Qui préparerait le repas ?

Je préparerais le repas moi-même, ou encore un rabbin pourrait le préparer.

MASA TAKAYAMA

— ELENA ARZAK ET
JUAN MARI ARZAK —

✤

Quel serait votre dernier repas sur Terre ?

ELENA : *Mon plat principal serait un poisson merluza (merlu) entier, fraîchement pêché localement et légèrement grillé. Des txipirones (encornets nordiques) grillés, avec une marmelade d'oignons pochés, seraient servis en accompagnement. Ensuite, je cuisinerais des pommes de terre avec des truffes, ce qui donnerait un arôme sensationnel. Je terminerais assurément avec beaucoup de bon chocolat à soixante-dix pour cent de cacao.*

JUAN MARI : *Je voudrais avoir autant de goûts différents que possible avant de partir, alors mon dernier repas sur Terre serait constitué de plusieurs plats. Je commencerais avec de la flor de huevo y tartufo en grasa de oca con txistorra de dátiles (une fleur d'œuf et truffes dans la graisse d'oie avec chorizo et dattes). Ensuite, je prendrais un plat nommé lomo de merluza en salsa verde con almejas (merlu avec salsa verde et palourdes). Un pêcheur local de San Sebastián viendrait de sortir le poisson de la mer. J'aimerais également manger un des oiseaux interdits, que ce soit une bécasse des bois ou un bruant ortolan. Je terminerais avec le fromage blanc que nous confectionnons au Restaurant Arzak.*

Quel serait le décor du repas ?

ELENA : *Nous nous installerions dans la cuisine pour le dîner, mon repas favori, autour de neuf heures.*

JUAN MARI : *L'emplacement serait la cuisine du Restaurant Arzak.*

Que boiriez-vous avec votre repas ?

ELENA : *Un vin blanc basque local, nommé txakoli. Nous en buvons toujours dans les grandes occasions. Cela me rappelle les bons et les grands moments de ma vie.*

JUAN MARI : *Il y aurait dix verres autour de ma place, de façon à ce que j'aie à portée de la main tout ce que je désire pour un goût particulier. De gauche à droite, les boissons seraient xérès, amontillado, blanco, txakoli, Tinto Rioja Alavesa 2005, Tinto Rioja Alavesa 1940 à 1950, champagne, Pedro Ximénez, bière et Coca-Cola. Il n'y aurait pas d'eau. Je n'aime pas l'eau.*

Y aurait-il de la musique ?

ELENA : *J'écouterais « La Marcha de San Sebastián » de Raimundo Sarriegui.*

JUAN MARI : *Pendant le repas, il n'y aurait aucune musique pouvant me distraire. Cependant, au moment de mourir, je voudrais entendre le chœur Orfeón Donostiarra sous la direction de Nicola Sani.*

Qui seraient vos convives ?

ELENA : *Ma famille, mais d'autres personnes s'arrêteraient pour nous saluer et possiblement se joindre à nous. J'adore les repas impromptus avec les gens qui s'arrêtent, surtout lorsque vous les connaissez depuis des années, comme votre pêcheur local, par exemple.*

JUAN MARI : *Ma fille Elena et moi dégusterions le repas avec la famille.*

Qui préparerait le repas ?

ELENA : *Je voudrais préparer le repas, et seulement au dernier moment. Sinon, le goût n'est pas le même.*

JUAN MARI : *Ma fille Elena et moi préparerions le repas ensemble, parce que nous savons chacun comment l'autre cuisine.*

✤

QUI PRÉPARERAIT LE REPAS ?

∽

Je cuisinerais ce repa
chérissant le plaisir
un si court moment,
penser au minutage,
au profit et à la satis

∽

moi-même,
cuisiner pendant
de popoter sans
coût des aliments,
ction de la clientèle.

Quel serait votre dernier repas sur Terre ?

L'idée du dernier repas est si intimidante et si ironique sur le plan personnel, parce que je dis continuellement à mon équipe, lorsqu'ils deviennent paralysés par leur perfectionnisme et leurs obsessions : « Ce n'est pas la Cène, pour l'amour de Dieu ! » C'est à mon tour d'être paralysée par la question. Je pense que la réponse correcte à la question du dernier repas consiste à saisir la dernière chance d'avoir tous ces produits incroyablement chers qui n'auront été servis que durant les plus grandes occasions de la vie. Même alors, je pense que je préférerais goûter les aliments qui ont parcouru ma vie entière : des œufs, du sel, du pain, du beurre. Sérieusement, je pense que j'aimerais une ou deux cuillerées combles de caviar — cela pourrait être des œufs de saumon, sans être le béluga le plus fin — et quelques radis piquants, froids et croustillants, suivis d'un plat d'œufs mollets tièdes avec du sel de mer, du poivre noir du moulin et du persil frais haché. Et, pour terminer en beauté, du pain grillé écumant de beurre et une poignée de bonnes cerises mûres.

— GABRIELLE HAMILTON —

⋈

Quel serait le décor du repas ?

Mes repas les plus précieux ont été pris au bord de la mer, en vacances, à l'heure « bleu gris » du crépuscule. Il est très difficile pour moi de manger durant la chaleur du jour ou dans le feu de l'action. J'ai passé ma vie entière submergée dans le bruit impitoyable et la chaleur implacable des cuisines de restaurant pendant les repas — lorsque le reste de la terre mange, je travaille —, c'est pourquoi je préfère être seule pendant mes repas, dans le silence, et à l'air frais extérieur. Et l'océan me touche particulièrement. C'est impressionnant d'être seul à seul avec l'océan, une fois que le soleil est couché — la vaste étendue du ciel brunâtre brillant devant soi. Je me sens comme si j'étais une bonne personne avec un cœur pur. De plus, j'ai un appétit féroce à cette heure-là. Après une longue journée passée au soleil et une douche froide, après avoir enfilé un tee-shirt en coton blanc et arborant un hâle sain, je peux sécher une bouteille de champagne et quelques aliments salés avec un enthousiasme remarquable. Voilà qui représente la condition requise pour mon dernier repas : que j'aie un excellent appétit, une faim solide et sincère, non celle qui trahit par ses tremblements que « j'ai trop attendu et je suis affamée », ni le genre d'appétit d'oiseau modéré.

Que boiriez-vous avec votre repas ?

La dépense que j'envisagerais serait de m'offrir du champagne rosé Billecart-Salmon à satiété, probablement deux bouteilles à moi seule, parce que je pourrais boire ce liquide dès la minute où je me réveillerais le matin jusqu'à ce que je meure cette nuit-là.

Y aurait-il de la musique ?

Je voudrais le bruit des vagues et rien d'autre.

Qui seraient vos convives ?

Cette question est délicate, puisque je souhaiterais prendre mon dernier repas avec mes enfants, pour me régaler d'eux et pour le plaisir de les nourrir. J'adore vraiment lorsque Marco (qui a deux ans) aime et mange ce que je cuisine, et j'apprécie aussi cette sensation parfaite que j'ai lorsque mes seins débordent, et que Leone est affamé et qu'il s'accroche à dessein. Quand tout cela fonctionne, c'est le nirvana. Mais ensuite, je voudrais que les deux aillent se coucher et s'endorment rapidement pour que je puisse manger tranquillement, contemplativement, en prétendant que je suis une personne plus jeune, célibataire, qui n'a pas toutes ces responsabilités écrasantes. D'une certaine façon, une partie de mon fantasme du dernier repas implique que je remonte le temps jusqu'à ces jours insouciants où je n'avais ni employés, ni enfants, ni seins mous !

⋈

Quel serait votre dernier repas sur Terre ?

> Mon dernier repas consisterait en un plat de prosciutto San Daniele tranché avec quelques figues noires mûres ; des linguinis avec une sauce blanche aux palourdes ; une assiette de Grana Padano ; et des pêches juteuses, mûries à la perfection.

Quel serait le décor du repas ?

> L'emplacement serait ma maison qui surplombe l'Adriatique, pendant que les vagues s'écraseraient sur la côte rocheuse.

Que boiriez-vous avec votre repas ?

> Je voudrais une abondance de vin Bastianich. Je voudrais marier un Bastianich Rosato avec le prosciutto, un Bastianich Vespas avec la sauce blanche aux palourdes et un Morellino la Mozza avec le Grana Padano.

Y aurait-il de la musique ?

> Shéhérazade jouerait en ambiophonie.

Qui seraient vos convives ?

> J'aimerais que ma famille et mes amis les plus proches soient à mes côtés.

Qui préparerait le repas ?

> Je cuisinerais avec l'aide de ma mère et de mes enfants, comme je le fais toujours à la maison.

— D A N   B A R B E R —

❧

Quel serait votre dernier repas sur Terre ?

Je mangerais un carré de Boris, avec une salade d'oreilles, langue, bajoues, etc. Si je dois partir, ainsi fera Boris.

Quel serait le décor du repas ?

Un décor champêtre américain — un grand champ ouvert, au coucher du soleil. J'ai toujours rêvé de me retrouver seul dans un tel décor, fermant les yeux pendant que la lumière décline, mais cela semble toujours trop banal et précieux. Mais là, pour mon dernier tour de piste, je ne m'inquiéterais pas de ce que les gens pensent.

Que boiriez-vous avec votre repas ?

Je prendrais du vin, bien sûr ; probablement un grand Amarone, pour partir avec un boum.

Y aurait-il de la musique ?

Des chants grégoriens, joués très fort, puisque c'est ce que mon père faisait rugir dans la maison tous les dimanches en fin d'après-midi. Cette association de la fin du week-end, des devoirs et des chants suffisait à me faire souhaiter la mort. J'imagine que si je les entendais de nouveau en prenant mes dernières bouchées, je ne serais pas trop angoissé par mon départ...

Qui seraient vos convives ?

Aucun convive. Je suis intarissable pendant les au revoir.

Qui préparerait le repas ?

Moi. J'aurais une dernière chance de le réussir.

❧

— April Bloomfield —

Quel serait votre dernier repas sur Terre ?

Mon plat serait un déjeuner de rôti anglais — un plat tout-en-un que je trouve très réconfortant. Il y aurait un rôti de bœuf, avec deux sortes de pommes de terre, certaines rôties dans du gras de canard brûlant et d'autres en purée. Aussi, de belles carottes bouillies enrobées de beurre, ou encore mieux, cuites dans le beurre avec une bonne quantité de sel de mer. Des choux de Bruxelles caramélisés, encore une fois avec beaucoup de beurre, du panais rôti croustillant avec du poivre noir ; et le jus de cuisson du bœuf serait également bienvenu. Pour dessert, je voudrais une tranche épaisse de tarte Banoffee, qui est une tarte faite avec des bananes, du dulce de leche et du chocolat râpé. (Note : je ne mange pas ainsi tous les jours !)

Quel serait le décor du repas ?

J'aimerais être dans un pub anglais, là où il y aurait quelques chênes — très anglais ! Ou peut-être dans un avion équipé d'une cuisine (est-ce que ça existe ?), je pourrais ainsi survoler l'Angleterre avec ma famille et ma tendre moitié, et regarder la campagne en contrebas.

Que boiriez-vous avec votre repas ?

Je prendrais probablement un Sassicaia 1998. Je me rappelle que celui goûté à Rome était incroyable, il a été l'un des premiers vins à me renverser. Et peut-être quelques bières froides pour finir.

Y aurait-il de la musique ?

De la musique — hum, question difficile. Un peu de Nancy Griffith, Alison Krauss, Kate Bush et du Fleetwood Mac, Eagles et Ben Watt. Ce serait bien qu'elles jouent en alternance en buvant les bières froides. Ça me donne la chair de poule, j'ai l'impression de rédiger mes dernières volontés.

Qui seraient vos convives ?

J'aimerais être en présence de mes amis, de ma famille et de ma tendre moitié.

Qui préparerait le repas ?

J'adorerais que mon ami Pete Begg cuisine. Il est le meilleur !

QUI PRÉPARERAIT LE REPAS ?

Je voudrais que tous Laundry et du Bouc dernier repas.

s chefs du French
on préparent mon

Quel serait votre dernier repas sur Terre ?

Je commencerais avec un demi-kilo de caviar Osetra, suivi d'Otoro. Je prendrais ensuite une quesadilla, suivie de poulet rôti, et, finalement, du brie aux truffes. Pour dessert, je choisirais des profiteroles ou bien une tarte au citron.

Quel serait le décor du repas ?

Je voudrais manger mon dernier repas à la maison, à Yountville en Californie, et à New York.

Que boiriez-vous avec votre repas ?

Je commencerais avec un Champagne Salon 1983, suivi d'un Zinfandel Ridge Lytton Springs. Je terminerais avec un scotch Macallan de vingt-cinq ans d'âge.

Y aurait-il de la musique ?

J'écouterais la compilation musicale qui joue au Ad Hoc, notre restaurant de la Napa Valley.

Qui seraient vos convives ?

Laura Cunningham, mes frères, ma sœur et mon père.

THOMAS KELLER

Quel serait votre dernier repas sur Terre ? *Je voudrais un dîner classique de rôti — un rôti de bœuf avec un pudding Yorkshire et une sauce au vin rouge.* Quel serait le décor du repas ? *Sans hésitation, ma maison dans South London.* Que boiriez-vous avec votre repas ? *Un Bâtard-Montrachet.* Y aurait-il de la musique ? *J'écouterais le premier album de Keane, Hopes and Fears.* Qui seraient vos convives ? *Ma famille : ma femme, Tana, nos quatre enfants, et ma mère, Helen.* Qui préparerait le repas ? *Je le préparerais avec Tana, et les enfants pourraient également y participer.*

QUEL SERAIT VOTRE DERNIER REPAS SUR TERRE ?

Mon dernier repas s... grand festin multiser... délicieux.

r Terre serait un
vice, interminable et

Je voudrais que les personnes qui ont créé les plats favoris de ma vie en préparent pour moi des versions miniatures. Puisque ce serait la grande finale, je voudrais prendre mon temps et savourer chaque morceau. J'ai tendance à devenir excitée et à manger trop vite (puisque les chefs apprennent à le faire par nécessité), mais, pour ce repas, je voudrais savourer chaque bouchée. Je prendrais une douzaine d'huîtres parfaites, froides — six Island Creek et six Kumamoto, toutes avec du citron —, suivies d'une boîte de caviar Osetra doré, servi sur de la crème fraîche et les crêpes de pommes de terre de ma mère. Je prendrais des asperges comme celles que j'ai mangées dans un restaurant de tapas à San Sebastián, en Espagne : grosses et savoureuses, à la température ambiante, et garnies d'un aïoli écumeux à l'ail et au citron — absolument parfaites. Je m'excuse auprès des militants de la faune, mais, comme il s'agit de mon repas de rêve, je passerais ensuite au foie gras braisé d'Alain Ducasse, comme celui que j'ai mangé dans son restaurant de Monaco, garni d'une tonne de copeaux de truffes d'été fraîches et de jus de canard. Ensuite, le homard poché de Gary Danko. Je ne sais pas si c'est le fait d'en avoir mangé avec mon mari dans un état d'extase totale, ou seulement le homard lui-même, mais il était sacrément bon ! Je prendrais assurément un peu de la lasagne incroyable de maman, juste un petit morceau, qu'elle remplit d'une sauce bolonaise fabuleuse avec de la saucisse piquante et une béchamel crémeuse, du reggiano et du peccorino. D'aussi loin que je me souvienne, ce fut mon plat d'anniversaire favori. Ensuite, ce serait peut-être banal, mais ce serait mon rêve : une tranche de bifteck de chez Peter Luger's ! Des sushis de chez Masa rafraîchiraient mon palais et me rempliraient d'extase — et, puisque ce serait mon dernier repas, qui se soucierait des questions d'argent ! Le dernier mets, mais non le moindre, une assiette de desserts éclectique, comprenant la version d'un s'more du prestigieux chef pâtissier de Miami, Hedy Goldsmith, le gâteau renversé aux poires de maman, les macarons de chez Fauchon, n'importe quoi cuisiné par Pierre Hermé (mais de préférence avec du chocolat), un peu de tarte à la lime Key de chez Joe's Stone Crab, et, finalement, une pointe de ma propre tarte à la crème et aux bananes.

— Michelle Bernstein —

Quel serait le décor du repas ?

Je pense que le meilleur endroit serait la maison, non pas à la table de la salle à manger, mais confortablement installée sur des oreillers et relaxe, comme au Maroc.

Que boiriez-vous avec votre repas ?

Cela dépendrait du service, mais j'aimerais qu'il y ait du champagne, de la bière et un vin rouge avec du corps.

Y aurait-il de la musique ?

Absolument, mais je craindrais de sautiller et de tournoyer si elle était en direct, alors je pense qu'elle devrait être enregistrée. J'adore Maná, U2, Sting et tout ce qui vient de Cole Porter.

Qui seraient vos convives ?

Mon mari, ma famille et ma belle-famille.

Qui préparerait le repas ?

Les chefs mentionnés plus haut — oh, et ma mère ! Mais ma mère devrait préparer ses plats avant l'heure du repas, parce que je veux qu'elle s'assoie et profite de tout le festin !

— MARCUS SAMUELSSON —

Quel serait votre dernier repas sur Terre ?

J'aimerais sortir dans une ambiance calme et décontractée, et être entouré de bonnes personnes et de conversations intéressantes. J'aimerais exprimer le fait que j'ai eu une vie fantastique, remplie d'expériences enrichissantes, et profiter de ce qu'il me reste pendant que je le peux. La nourriture n'est pas si importante que cela. Je voudrais manger du gravlax avec du pain croustillant accompagné d'une sauce à la moutarde et à l'aneth. Ensuite, je prendrais des sushis, style nigiri, avec de la sauce soja, du gingembre et du wasabi.

Quel serait le décor du repas ?

J'aimerais être assis aussi près de l'eau que possible, et à une table basse. Tout cela se déroulerait en début de soirée.

Que boiriez-vous avec votre repas ?

Du vin rouge, mais il n'aurait pas besoin d'être exceptionnel. Je terminerais avec de l'hydromel d'Éthiopie.

Y aurait-il de la musique ?

Miles Davis jouerait en personne.

Qui seraient vos convives ?

Je choisirais d'être avec ma famille et les gens qui ont été importants pour moi. Je voudrais également inclure Martin Luther King et Gandhi.

Qui préparerait le repas ?

Moi.

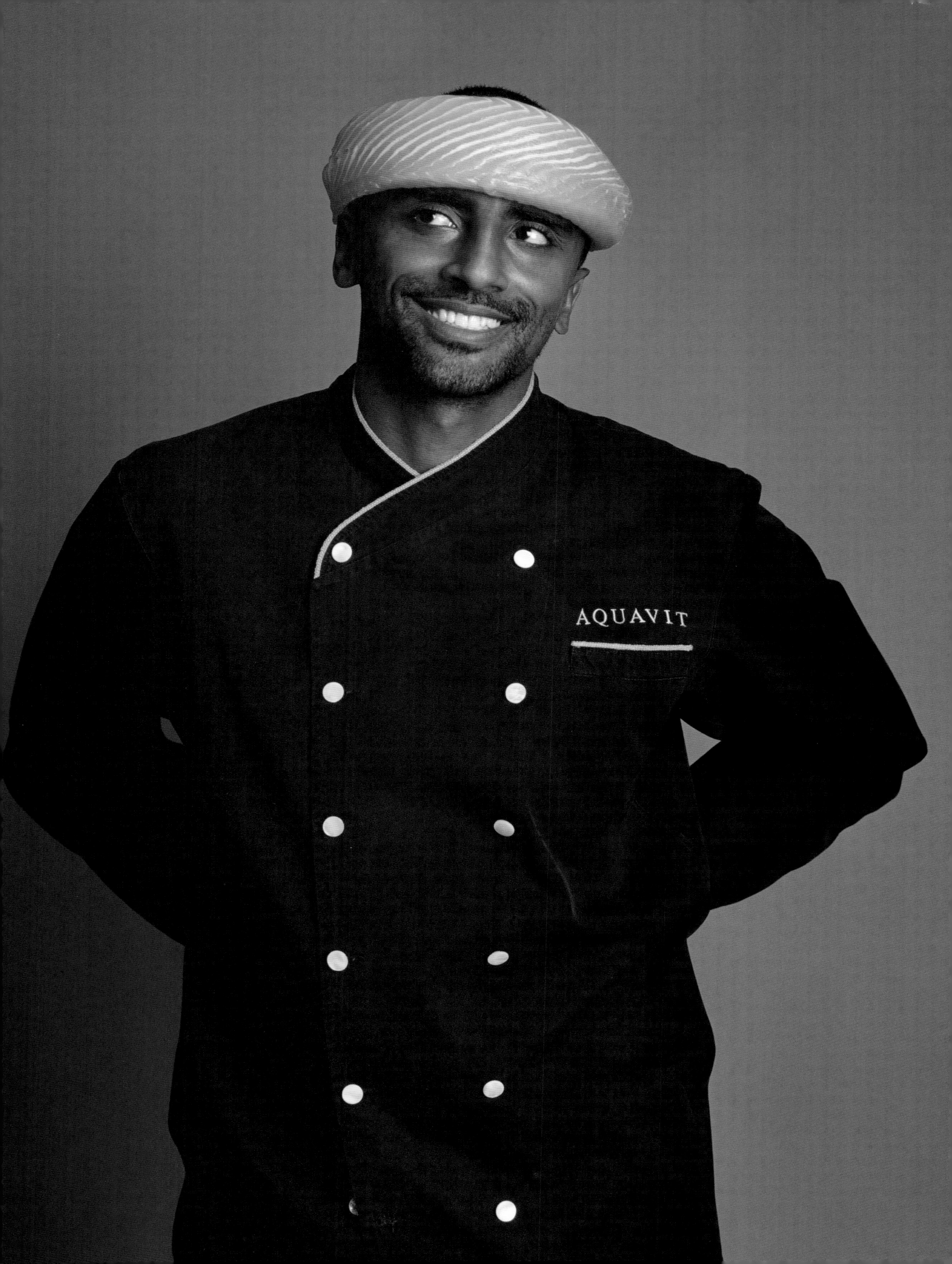
AQUAVIT

Quel serait votre dernier repas sur Terre ? *Mon dernier repas sur Terre serait assurément constitué de sushis. Je voudrais deux morceaux de chacun des sushis suivants (dans cet ordre) : sushi de corégone, sushi de thon, sushi d'alose, sushi de couteau, sushi d'oursin vert et sushi de congre. Ensuite, je terminerais avec un rouleau de concombre.* Quel serait le décor du repas ? *Dans l'un de mes restaurants, assis à la table à sushis.* Que boiriez-vous avec votre repas ? *Du thé vert.* Y aurait-il de la musique ? *Kenny G sur CD.* Qui seraient vos convives ? *Ma femme et ma famille.* Qui préparerait le repas ? *Un de mes chefs spécialistes du sushi.*

Quel serait votre dernier repas sur Terre?

Mon dernier repas s
festin progressif, un
sensuel, présentant l
raffinés que le mond

r Terre serait un
anquet exotique et
aliments les plus
puisse offrir.

Le meilleur de tout ce qui existe serait récolté dans tous les coins du monde et serait présenté sur des tables roulantes aux invités confortablement installés. Du caviar servi sur des blinis au sarrasin, préparés sur demande sur le chariot à caviar, circulerait parmi les invités. Un Bleu Bresse rôti, une version de notre pays du mythique poulet de Bresse français, serait roulé sur une table dans la salle à manger et exhibé comme un trophée avant d'être découpé. Un cochon de lait rôti sur la broche et des truffes noires chemisées de fines tranches de porc salé passeraient également parmi les invités. La nourriture serait mangée avec les mains — comme dans les banquets romains et grecs —, et ramassée avec les meilleurs pains de partout dans le monde. Véritable orgie de nourriture et de consommation, ce festival grandiose et exquis représenterait un répit dans les obligations sociales.

Quel serait le décor du repas ?

Cette mise en scène hollywoodienne d'une ancienne culture se tiendrait quelque part dans un palais sur la rive à Udaipur, dans le nord-ouest de l'Inde. Nous traverserions le lac sur des gondoles, approchant le palais dans la luminosité décroissante du soleil couchant, débarquerions et laisserions les gondoles dériver sur l'eau calme. Toutes choses seraient empreintes d'une aura surréelle et glorieuse. Les chambres du palais — des tentes massives, vraiment — seraient de dimensions grandioses et divisées en vingt alcôves semi-circulaires. Chaque alcôve contiendrait un lit sur une estrade, bordé des tissus les plus fins et couvert de coussins en peluche. Les planchers seraient recouverts de soie épaisse et somptueuse, et les murs ornés d'or, de bleu royal et de bruns somptueux. Des draperies de soie, aux couleurs de joyaux, pendraient du plafond élevé jusqu'au sol autour de chaque alcôve. Une grande zone circulaire au centre servirait de scène où se produiraient, pendant et entre les services, le Cirque du Soleil, des danseurs et des eunuques. Tous les invités du repas seraient servis à l'ancienne, étendus sur les lits spectaculaires.

Que boiriez-vous avec votre repas ?

Une équipe de sommeliers orchestreraient les vins suivants : Champagne, Krug, Krug Collection 1947 Nabuchodonosor ; Allemagne, Riesling Auslese, Schloss Rheinhartshausen, Erbacher Bruhl, Rheingau, Réhoboam 1949 ; France, Bourgogne, Montrachet, Grand Cru, Ramonet, Salmanazar 1986, et France, Bourgogne, Domaine de la Romanée-Conti, Salmanazar 1989 ; France, Bourgogne, Romanée-Conti, Grand Cru, Domaine de la Romanée-Conti, Salmanazars 1978 et 1985 ; France, vallée du Rhône méridionale, Côte-Rôtie, Guigal, La Mouline et La Landonne, Mathusalems 1978 ; Italie, Piémont, Barbaresco, Gaja, Salmanazar 1985 ; Californie, Napa Valley, Cabernet sauvignon, Heitz, Martha's Vineyard, Salmanazar 1974, et Californie, Napa Valley, Harlan Estate, Mathusalem 1994 ; France, Bordeaux, Pauillac, Château Latour, Salmanazar 1928 ; France, Bordeaux, Saint-Émilion, Château Cheval Blanc, Balthazar 1947 ; Allemagne, Moselle-Sarre-Ruwer, Riesling Trockenbeerenauslese, J.J. Prüm, Wehlener Sonnenuhr, Magnum 1971 ; Portugal, vallée du Douro, Porto Vintage, Taylor, Magnum 1935.

[Rehoboam : 4,5 litres (6 bouteilles) ; Mathusalem : 6 litres (8 bouteilles) ; Salmanazar : 9 litres (12 bouteilles) ; Balthazar : 12 litres (16 bouteilles) ; Nabuchodonosor : 15 litres (20 bouteilles)]

— GARY DANKO —

Y aurait-il de la musique ?

Une musique enchanteresse séduirait l'âme et rendrait l'ambiance vraiment surréelle. Ce serait de la fusion s'inspirant des sonorités perses, indiennes, moyen-orientales et turques, ainsi que des résonances douces de méditation et de guérison, comme Rasa Mello II par Donna D'Cruz, par exemple.

Qui seraient vos convives ?

En admettant que tout cela reste une fantaisie, les invités, vivants et défunts, comprendraient : plus d'une centaine de mes amis extravagants, incluant mon partenaire, Greg Lopez ; Hunt Slonem, un artiste new-yorkais ; John Kennedy Jr. et Jacqueline Kennedy Onassis ; Alfred Hitchcock ; Madonna (mais elle devrait manger de la viande ce soir-là) ; la princesse Grace ; Rock Hudson ; Audrey Hepburn ; Tom Ford ; Cher ; Maria Manetti Farrow ; James Beard ; Pablo Picasso ; Andy Warhol ; Jackson Pollock ; Bill Clinton ; Martha Stewart ; Sharon Stone ; Andrew Lloyd Webber ; Elton John ; Ben Harper ; Carlos Santana ; Sting ; Van Morrison ; ainsi que Gertrude Stein. Robert Parker et Thomas Jefferson seraient également invités, en vertu de leur amour du vin.

Qui préparerait le repas ?

Chaque service serait préparé par un expert du domaine.

GARY DANKO

Quel serait votre dernier repas sur Terre ?

Je voudrais huit ou dix services de nourriture magnifique : fruits de mer, pâtes et légumes (avec des radis crus et une bonne huile et du sel). L'entrée serait des alici marinate, des anchois marinés servis avec un peu de bruschetta, mariés à une bouteille de vin Furore glacial provenant de la vigneronne Marisa Cuomo d'Ischia. Le service suivant serait de la succulente mozzarella en carozza, la version napolitaine du sandwich au fromage fondant. Vous plongez de la mozzarella di bufala fraîche dans l'œuf, puis la faites frire dans la poêle jusqu'à ce que l'extérieur soit croustillant, tandis que l'intérieur dégouline de mozzarella fondante. Scialatielli ai gamberetti, des pâtes Amalfitana fraîches avec des crevettes et des courgettes, s'inscriraient ensuite au menu. Elles sont faites avec de la farine à gâteau, du lait et du pecorino, et ont une texture particulièrement ferme. Ces pâtes sont les seules que l'on retrouve dans la ville d'Amalfi, et elles brisent la règle stipulant « pas de fromage avec les pâtes ». Parsemées de vert avec du basilic, et coupées légèrement plus larges que les fettucinis, mais plus minces que les pappardellis, elles incarnent tout ce que j'aime de la ville d'Amalfi — une puissance maritime importante autour du onzième siècle, qui héberge le plus magnifique duomo de la côte entière. Le service suivant serait des spaghettis alle cozze, des pâtes fermes avec des moules épicées. La finale de cette orgie de crustacés serait des gamberonis all'acqua pazza, des crevettes sautées dans un bouillon au fenouil relevé, et un aragosta alla brace, un homard grillé avec une vinaigrette au limoncello. Je terminerais avec une affogato al caffe, une glace dans un bain d'espresso glacé, et un baba el rum, un gâteau éponge simple et léger trempé dans un sirop au rhum. Tout cela descendrait à l'aide d'une mer de limoncello glacé.

Quel serait le décor du repas ?

Une petite trattoria près du rivage sur la côte d'Amalfi, sous une pergola couverte de vignes.

Que boiriez-vous avec votre repas ?

Beaucoup de Fiano di Avellino froid.

Y aurait-il de la musique ?

REM jouerait en direct avec U2, tandis que John McLaughlin jouerait en version acoustique avec Paco de Lucia.

Qui seraient vos convives ?

Toute ma famille, Joe Bastianich et toute sa famille, Tony Bourdain, Jim Harrison, Emeril Lagasse et sa famille, ainsi que les musiciens et leurs familles.

Qui préparerait le repas ?

Le chef du restaurant — avec un peu de chance, une femme de soixante et quelques années du secteur.

Quel serait votre dernier repas sur Terre ?

> Ce serait quelque chose de très simple et qui pourrait être préparé facilement, rien de trop compliqué ou élaboré. Peut-être une entrée de foie gras grillé, avec du gros sel marin et des mignonnettes de poivre noir, mangée directement dans la poêle avec du pain au levain grillé. Ensuite, je mangerais des coquilles Saint-Jacques rôties, assaisonnées de gros sel marin et de poivre, sautées dans une poêle chaude avec la meilleure huile d'olive que l'on puisse s'offrir, et servies avec de la sauce vierge. Pour le plat principal, ou bien une sole du Pacifique cuite dans du beurre brun avec des câpres, du jus de citron et du persil, ou bien un morceau de bœuf persillé parfaitement vieilli pendant quatre semaines, qui serait grillé ou rôti au four jusqu'à coloration rosée. Je prendrais une simple salade verte en accompagnement, avec une vinaigrette, et des frites épaisses cuites dans le gras de canard et saupoudrées de sel marin de Malvern ou de fleur de sel. Pour dessert, la tarte aux pommes de ma mère ou sa croustade à la rhubarbe, garnie de crème anglaise Bird.

Quel serait le décor du repas ?

> Je serais dans un champ dominant la Toscane ou assis dans un pré de lavande, une aire de tournesols ou un verger sur la Côte d'Azur. Le soleil brillerait à distance, réchauffant mon visage et mon dos, pendant que je cuisinerais sur un feu de bois.

Que boiriez-vous avec votre repas ?

> Un riesling ou un gewürztraminer, suivi d'un bon Château Margaux.

Y aurait-il de la musique ?

> Colplay et Simon & Garfunkel.

Qui seraient vos convives ?

> Ma copine, ma famille et mes amis.

Qui préparerait le repas ?

> Cuisiner est ma passion et ma vie. Si c'était la dernière chose que je devais faire sur Terre, alors je le ferais moi-même.

— JACQUES PÉPIN —

Quel serait votre dernier repas sur Terre ?

Le menu de mon dernier repas serait éclectique, souple et à la bonne franquette. Il s'étendrait sur une très longue période de temps — voire des années ! Je mangerais toutes les choses que j'aime dans l'ordre que je choisirais. Je ne peux rien imaginer de meilleur qu'une fabuleuse baguette bien dorée, croustillante et au goût de noisette, avec une motte du sublime beurre de Bretagne et des belons. Je consommerais des tonnes du meilleur caviar de bélouga avec ma femme, disposerais du meilleur jambon braisé et d'un excellent jambon ibérique, et mangerais des œufs frits dans le beurre, brouillés, mollets ou au miroir, avec le jambon. Du pigeonneau, avec les plus petits pois frais, se trouverait également au menu, ainsi qu'une guedille au homard et un hot dog géant réussi. J'avalerais de petites pommes de terre Fingerling à peine sorties du sol et sautées dans de la graisse d'oie, avec une salade de chicorée pleine d'ail et saupoudrée de poivre concassé, comme ma mère avait l'habitude d'en faire. Je dévorerais un Beaufort âgé, avec une surface présentant du sel cristallisé, et un fromage blanc fermier couvert de crème fraîche épaisse relevée avec de la ciboulette, de l'ail et du poivre concassé. Je dégusterais le pâté de faisan aux truffes noires et au cognac de mon ami Claude, ainsi que de très fines tranches de lard salé, sur du pain de campagne croustillant, garnies de truffes blanches. Je mangerais des noisettes rôties avec du chocolat mi-amer (Gianduja), et les meilleurs abricots, cerises, et pêches blanches et de vigne, venant tout juste d'être cueillis. Je tartinerais de la confiture d'abricots maison sur de fines crêpes beurrées, sortant chaudes de la poêle, que j'accompagnerais d'un champagne Bollinger Brut 1996.

Quel serait le décor du repas ?

Les réjouissances se tiendraient dans ma demeure.

Que boiriez-vous avec votre repas ?

D'innombrables bouteilles de beaujolais nouveau frais, d'Hermitage rouge âgé et un Sancerre blanc végétal accompagneraient la nourriture, avec quelques verres d'un vieux whisky que je siroterais très lentement pour faire durer le plaisir.

Y aurait-il de la musique ?

Nous jouerions à la pétanque en écoutant de vieilles chansons françaises, de la musique classique et parfois du jazz, comme Dave Brubeck. Nous pourrions également écouter Édith Piaf, Jacques Brel et Nat King Cole, qui joueraient successivement en direct.

Qui seraient vos convives ?

Ma famille, quelques amis proches, et mon chien Paco resteraient jusqu'à la fin, tandis que d'autres bons amis passeraient prendre un verre et manger, puis repartiraient.

Qui préparerait le repas ?

Nous cuisinerions, boirions et mangerions ensemble jusqu'à la fin — des semaines ou des mois plus tard —, lorsque je mourrais du péché de gourmandise !

❦

Quel serait votre dernier repas sur Terre ?

Comment pouvez-vous demander à un chef quel serait son dernier repas sur Terre ? C'est comme demander à Tiger Woods à quoi ressemblerait son dernier élan lors de sa dernière partie. Ou de demander à un alcoolique l'effet que ferait la dernière goutte de whisky à descendre dans sa gorge. Demandez à n'importe quel chef, et ils ou elles vous répondront la même chose : c'est dans notre sang. Nous cherchons notre vie entière la nouvelle saveur, la gemme gustative, la bouchée parfaite. Et maintenant, quoi ! la dernière ? Ce n'est pas honnête, franchement.

Qu'est-ce que ce serait ? Quelque chose que je n'aurais jamais goûté auparavant ou quelque chose que j'aurais mangé des millions de fois ? Serait-ce de la nourriture provenant de stands des rues de Bangkok ? Il Cibrèo à Florence ? Le menu dégustation chez Guy Savoy, dans le dix-septième arrondissement ? Ce seraient là des choix d'amateur, mes amis. Cela semble parfait pour un long week-end, mais ne constitue pas une expérience valable pour mon dernier repas sur Terre. Je vois le dernier festin comme une chose heureuse, comme l'un de ces celebrity roasts (jeux de la sellette) très libres animés par Dean Martin. Je veux un « dîner et un éloge ». Tous ceux que je connais seraient là, portant des toasts déplacés à un mourant, disant des choses comme : « Connaissez-vous l'histoire du chef qui ne pouvait entrer au Paradis ? » Tout cela serait très incorrect. Amusant, mais incorrect.

Puisqu'il s'agirait de mon dernier repas, c'est moi qui ajusterais le tir pour la nourriture. Pas de froufrou français. Pas d'animal en broche. Pas de satané foie gras. Au menu, il y aurait le festin classique de mon enfance, celui de la cuisine du Sud. Je voudrais que la dernière chose que je goûte soit la première que je me souvienne avoir goûtée. Du poulet frit croustillant au poivre noir. Du chou cavalier cuit pendant des heures avec un jarret de porc fumé. Des crevettes et du gruau de maïs avec des andouilles. Des doliques à œil noir crémeux relevés au Tabasco. Du pain de maïs. Des huîtres frites. Des petits pains éclair et une sauce au jus. Des haricots au beurre cuits avec des morceaux de jambon. Et, pour dessert, un cobbler aux pêches avec de la crème glacée au bourbon fouettée à la main.

Quel serait le décor du repas ?

Keith McNally animerait l'événement au Balthazar à New York.

Y aurait-il de la musique ?

Pourquoi pas un groupe ? Je ne voudrais pas un groupe célèbre comme les Stones, car ils ne viendraient pas, de toute façon. Peut-être un orchestre de jazz Nouvelle-Orléans jouant un hymne funèbre — cette marche funèbre, lente et plaintive, sonne comme des sanglots de clarinettes, mais se termine en devenant une célébration où dansent les participants. Voilà ce que j'appelle une fête ! À la fin du repas, Food Network réglerait l'addition, et je resterais debout à remercier les gens d'être venus, et ce, jusqu'à ce que la dernière personne soit partie. Ensuite, je prendrais une bonne inspiration, marcherais jusqu'à la fenêtre et retournerais la pancarte sur FERMÉ.

Qui seraient vos convives ?

Ma femme, mes enfants et toute ma famille seraient avec moi à la table d'honneur. Et, dans l'autre partie de la salle, prendrait place la crème de la profession — Jean-Georges Vongerichten, Jacques Pépin, Emeril Lagasse, Julia, Bobby et Daniel. Bourdain serait là à fumer dans un coin. Quel spectacle !

❦

QUI PRÉPARERAIT LE REPAS ?

Sans l'ombre d'un d[...] n'a cuisiné qu'une fo[...] alors une fièvre de ch[...] malade pour mettre [...] cuisine. Ce repas a fa[...] être mon dernier !

ute, moi. Ma femme
s pour moi. J'avais
val et j'étais trop
s pieds dans la
li

Quel serait votre dernier repas sur Terre ?

Certainement un festin multiservice, commençant avec des huîtres et du caviar, suivis de foie gras, puis d'une belle pièce de faux-filet, et, pour finir, du fromage.

Quel serait le décor du repas ?

Ma maison. En tant que chef, je suis trop peu souvent à la maison. C'est toujours un grand luxe de me retrouver chez moi, assis dans ma chaise favorite, celle avec dossier en confessionnal, pendant que les enfants virevoltent et s'amusent autour de moi.

Que boiriez-vous avec votre repas ?

Je commencerais avec quelques bières Crown. Ayant vécu en Australie pendant les douze dernières années, j'ai appris à apprécier les bières australiennes. Je déboucherais ensuite une bouteille de Domaine Romanée-Conti Le Montrachet 2000, suivie d'une autre de Château Latour 1961. Puis, en supposant qu'il n'y aurait pas de gueule de bois le lendemain, je terminerais avec un scotch single malt.

Y aurait-il de la musique ?

J'adore l'opéra. J'aimerais entendre mon favori de toujours, La Traviata de Verdi.

Qui seraient vos convives ?

Ma famille. J'ai trois filles, âgées d'un an, quatre ans et sept ans. Et je suis très proche de toute ma famille en France. Nous formons un groupe très latin : il y aurait beaucoup de discussions, d'étreintes, de pleurs et de rires.

GUILLAUME BRAHIMI

Quel serait votre dernier repas sur Terre ?

Pour mon dernier repas, je voudrais des croustilles de tortillas faites à la main avec un guacamole préparé à partir d'avocats biologiques mûris dans l'arbre, ainsi que des margaritas à la tequila Don Julio avec des limonis verdis ; des gnocchis frais avec des copeaux de truffes de la vallée du Rhône ; un Roero Arneis provenant d'un bon vigneron ; une salade de porcinis grillés avec de la laitue Boston, une bonne huile d'olive et du sel marin ; et un Condrieu d'André Perret. Ensuite, un agneau du printemps de la Sonoma Valley rôti à la broche avec des pommes de terre nouvelles cuites sous la cendre, suivi d'un gruyère âgé, vieilli en cave. Le dessert serait un sandwich à la crème glacée, fait avec de la glace au chocolat au lait et des biscuits sablés, et servi avec des fraises sauvages.

Quel serait le décor du repas ?

Montmin, en France, qui se trouve en haut de Talloires, en été.

Que boiriez-vous avec votre repas ?

Je marierais un Château Margaux 1950 avec l'agneau du printemps ; un zinfandel grandiose avec le gruyère ; et un Château d'Yquem avec le dessert.

Y aurait-il de la musique ?

J'aimerais écouter Miles Davis, Cream, Mozart, le violoncelle de Bach, Ellington avec les solos de Cat Williams, J. J. Johnson, le concerto pour trombone d'Hindemith, les Beatles, et Airto.

Qui seraient vos convives ?

J'aimerais être entouré des personnes suivantes : ma famille, mes frères et leurs familles, la famille de ma conjointe avec les enfants, mes amis, sans ordre particulier, Craig Schiffer et sa famille, Colman Andrews et sa famille, Ralph Meyer et sa famille, Mark Williamson et toutes ses familles (il a deux femmes). C'est suffisant.

Qui préparerait le repas ?

Ma famille.

— L Y D I A S H I R E —

❧

Quel serait votre dernier repas sur Terre ?

Mon dernier repas sur Terre devrait inclure un bifteck de contre-filet primé épais, de trois cent quatre-vingt-seize à quatre cent cinquante-quatre grammes, avec le gras. J'adore également le panais, alors je prendrais probablement une cuillerée de purée de panais et une grosse poignée de croustilles de panais frites, minces et croquantes.

Quel serait le décor du repas ?

Je voudrais dîner au Men's Café du Locke-Ober, et porter mon complet noir le plus renversant, paré de bijoux fabuleux.

Que boiriez-vous avec votre repas ?

Je boirais un bourgogne, comme un Chambolle-Musigny Comte Georges de Vogüé ou un Chambertin Comte Georges de Vogüé.

Y aurait-il de la musique ?

Je n'écouterais probablement pas de musique, mais, s'il y a en avait, ce serait un peu de jazz. Jimmy Smith à l'orgue, peut-être.

Qui seraient vos convives ?

Mon mari, Uriel, mon fils, Alex, et mon ami Bill Reilly.

Qui préparerait le repas ?

Je préparerais le repas moi-même, et, pendant que mes invités arriveraient au Locke-Ober, je leur servirais un bol de ma propre chaudrée de homard et gades fumés avec des petits pains éclair au beurre et au rhum. Finalement, après le dîner, un cigare Arturo Fuente.

❧

Y AURAIT-IL DE LA MUSIQUE ?

La musique serait ur
sarangi et tabla. Ent
écouter une cassette...

duo joyeux de
e-temps, j'aimerais

... contenant les gloussements de ma famille et des airs mélodieux chantés par eux. C'est dans le vieux magnétophone à la maison de mes parents.

Quel serait votre dernier repas sur Terre ?

Ce serait une bénédiction d'être suffisamment chanceux pour recevoir une telle invitation. Si tel était le cas, j'aimerais demander de pouvoir manger avec les mains, comme un bébé. Ce serait un repas cachemirien élémentaire avec churma (des tiges de lotus croustillantes), rogan josh (agneau), meeth chaman (fromage cottage et fenugrec), dum olav (pommes de terre), monj haakh (sauce rouge épicée), chowk wangun (aubergine piquante), muj chuten (radis râpé avec cottage) et du riz vapeur.

Quel serait le décor du repas ?

Ce serait une sorte de réunion formelle dans ma maison. Chacun se serait arrangé et assis sur une moquette, avec des coussins et des traversins tout autour. Des kangaris (appareils de chauffage couverts de rotin) nous garderaient au chaud, et chacun porterait l'habit traditionnel cachemirien.

Que boiriez-vous avec votre repas ?

Je prendrais du kehwa, qui est un thé cachemirien avec des amandes, du gingembre, de la cannelle, de la cardamome et du safran. Il y aurait des boissons pétillantes pour les enfants, et mon kehwa serait servi froid, puisque je l'aime ainsi.

Qui seraient vos convives ?

Je dînerais avec mes parents, mes frères avec leurs femmes et leurs enfants, ma femme, Sangeeta, et Akshat.

Qui préparerait le repas ?

Sangeeta et moi le préparerions ensemble pour la famille.

VIMAL DHAR

Quel serait votre dernier repas sur Terre ?

Par quoi commence-t-on lorsqu'on pense à son dernier repas sur Terre ? J'y ai réfléchi de long en large, en tenant compte de toutes les choses que j'aime, ainsi que de la foi qui a accompagné ma vie entière. Je ne crois pas en une vie de regrets, mais plutôt en une vie d'amélioration personnelle et d'occasions. Je considère les erreurs comme des occasions de grandir. Lorsque le temps viendra, et que la page sera tournée, j'aimerais évoluer sur un plan mentalement supérieur. De cette façon, je pourrais assimiler les choses et m'en imprégner avec gratitude à un niveau entièrement différent.

Malgré cela, mon dernier repas comprendrait assurément du poulet frit. J'aime un bon poulet frit, tendre et croustillant, épicé à la perfection. Je voudrais du maïs sucré, cuit sur l'épi et fraîchement égrené dans mon assiette. Je peux déguster des plats d'avocats, de raviolis avec des truffes du Piémont, et la recette de saucisses et poivrons de ma mère. J'aimerais manger de la chèvre cuite sur la broche sur charbon de bois, et un poisson entier cuit dans un court-bouillon au homard avec des tomates raisins et du basilic fraîchement ciselé ; une montagne de pommes de terre frites aux fines herbes et au peperoncino ; du risotto au foie gras sauté, avec des pommes vertes et un vinaigre balsamique de vingt-cinq ans d'âge ; un sushi de riz avec anguille glacée ; un gatto napolitain ; et le börek de ma copine, avec aubergine à l'étuvée et bœuf haché. Et, si possible, du saumon mariné de Marcus Samuelsson et n'importe quel plat que Daniel Boulud prendrait le soin de faire. Oh, et un peu plus de truffes blanches, s'il vous plaît.

Quel serait le décor du repas ?

Un champ lors d'une belle journée chaude et ensoleillée, au début de l'automne. Je serais assis à une grande table couverte de plats, passant du temps avec ceux que j'aime, et ma mère, mon père, mon frère et ma sœur.

Que boiriez-vous avec votre repas ?

Je prendrais des vins blancs de Bourgogne, d'Alsace et d'Autriche, et des vins rouges de Barolo, Bourgogne et Bordeaux — provenant tous de la cave de mon ami Tom Black.

Y aurait-il de la musique ?

Bob Dylan, Johnny Cash, du vieux jazz, Willie Nelson, Beethoven, du R & B ancien et nouveau, Al Green, Mozart, et du 50 Cent créeraient l'ambiance pour les conversations avec mes meilleurs amis et la femme que j'aime (c'est toi, chérie !).

Qui seraient vos convives ?

D'anciens et nouveaux amis se joindraient à moi, et la famille que je n'ai pas pris le temps de connaître autant que je l'aurais dû pendant ma vie. J'aimerais aussi passer du temps avec certaines personnes pour faire une mise au point, afin de pouvoir quitter du bon pied.

Qui préparerait le repas ?

Personne en particulier. Je voudrais seulement quelqu'un qui a un rapport enthousiaste avec la nourriture, un sourire chaleureux et le sens de l'humour. Après tout, il s'agit d'une célébration. Je quitterais la table, tandis que ma foi me guiderait vers la prochaine étape de ma vie, heureux d'avoir tiré tout ce que je pouvais de la vie présente. Oh, et encore des sandwiches à la saucisse et au poivron pour la route, s'il vous plaît. Je ne sais pas combien de temps dure ce voyage.

Y AURAIT-IL
DE LA MUSIQUE ?

✤

J'aimerais entendre
Ma sœur jouait de la
ma jeunesse, et cela n

✤

e la harpe en direct.

harpe au cours de

e manque.

Quel serait votre dernier repas sur Terre ?

Mon dernier repas sur Terre serait un festin multiservice constitué principalement de nourriture locale que j'aurais cueillie, récoltée ou capturée au cours des quarante-huit dernières heures, dans les environs de ma demeure à Long Island, et préparée simplement. Nous commencerions avec des sashimis : un doux pétoncle de baie de Peconic Bay, toujours en vie, une palourde du Pacifique déterrée dans la grève de Bird Island dans la baie, une tranche de plie, de bar commun et de bar rayé, presque croquants tant ils seraient frais, tous pêchés à la ligne la journée même, à bord de mon skiff, La Famiglia. Ils seraient complétés par une tranche d'otoro, l'abdomen super gras et soyeux du thon, capturé le jour précédent dans l'océan à l'extérieur de la crique ; quelques oursins verts salins ; du caviar d'Osetra, si frais qu'il éclaterait dans la bouche ; du japanese snapper et de la sériole — tous garnis de shiso, ciboulette et oignons verts fraîchement cueillis dans mon jardin, de wasabi fraîchement râpé, de shoyu de grand cru et de citron yuzu, frais, mûr et parfumé. Nous prendrions une pause avant de passer aux galettes de crabe, faites avec des crabes bleus de l'anse, accompagnées de maïs local et de tomates et de basilic de mon jardin. Ensuite, des palourdes frites, également de Bird Island, avec une sauce tartare préparée avec des cornichons marinés provenant de la récolte de l'année précédente. Ensuite, une bouchée de segment de pince de homard trempé dans le meilleur beurre local avec une touche d'estragon et de citron Meyer, puis des œufs de seiche sautés dans l'huile d'olive avec de l'ail, du persil et du citron. Une autre pause suivrait avant de passer à un trio de foie gras de l'Hudson Valley, accompagné de fruits de mes arbres ; un cochon de lait à la broche, style porchetta ; des champignons cueillis localement ; un morceau de faux-filet vieilli à sec provenant du muscle externe et gras de la longe, grillé saignant ; du rapini du jardin avec de l'ail rocambole et de l'huile d'olive extra vierge ; des pigeonneaux rôtis avec du bacon et des lentilles ; et de l'agneau australien rôti. Pour compléter le repas, il y aurait des fromages au lait cru (avec des fruits frais du jardin, bien sûr), complétés par des raisins Kyoho, du melon brodé et des litchis. Une croustade aux baies avec de la glace à la vanille, un dessert au chocolat décadent, des petits fours, des tartelettes aux pacanes et des biscuits au beurre d'arachide feraient partie du vaste choix de desserts. Et rien ne serait gaspillé.

— ANITA LO —

Quel serait le décor du repas ?

Je serais à la maison, à Long Island, avec ma vue sur l'anse. (Même si cette propriété sur les quais n'est pas vraiment la mienne, elle le sera au moment de ce dîner...)

Que boiriez-vous avec votre repas ?

Les vins seraient associés aux différents services. Nous ne prendrions que les sakés Shizuku Daiginjo les plus fins avec les sahisimis, suivis de millésimes fabuleux de champagnes et de blancs allemands, puis de quelques rouges légendaires âgés, et, pour finir, des vins desserts plus vieux (et plus rares) que moi-même.

Qui seraient vos convives ?

Je serais entouré d'amis proches et de la famille.

Qui préparerait le repas ?

Taka Yoneyama (le seul chef à qui j'ai écrit une lettre d'admiration) préparerait les sashimis et sélectionnerait les fruits japonais, et je voudrais que Rocco DiSpirito prépare les pétoncles de baie. Rebecca Charles du Pearl Oyster Bar préparerait les galettes de crabe, les palourdes frites, et les segments de pince de homard. Gray Kunz et Ariane Daguin cuisineraient le trio de foie gras, Andrew Carmellini et Roberto Donna prépareraient le porc. Traci Des Jardins cuisinerait le bœuf, Tetsuya Wakuda, l'agneau, Cielo du Murray's Cheese choisirait le fromage, et Martha Stewart préparerait mes desserts et mes petits fours.

— AMIT CHOWDHURY —

QUI SERAIENT VOS CONVIVES?

Seulement ma femm

Quel serait votre dernier repas sur Terre ?

Je commencerais avec un consommé de tomates et lentilles, parfumé au tamarin et aux feuilles de Muraya. Ensuite, pour nettoyer le palais, un sorbet au chile et à la canne à sucre. Comme plat principal, des crevettes moutarde grillées sur charbon de bois et servies sur un pilaf à la coriandre vapeur ; et, comme dessert, une crème brûlée au masala chai avec kulfi (glace indienne) à la cardamome et au mascarpone.

Quel serait le décor du repas ?

J'aimerais être à la maison.

Que boiriez-vous avec votre repas ?

Du champagne Grande Cuvée.

Y aurait-il de la musique ?

Ce serait bien qu'il y ait de la musique enregistrée.

Qui préparerait le repas ?

Je préparerais le repas moi-même.

AMIT CHOWDHURY

—ANGELA HARTNETT—

Quel serait votre dernier repas sur Terre ?

Nous prendrions des antipastis avec du salami Fellini, du jambon de Parme, et une coppa (coupe de champagne), suivis de viandes grillées comme un anolini farci avec du veau ou de l'agneau braisé. Ensuite, nous mangerions deux sortes de pâtes, une serait faite avec des truffes blanches et l'autre serait des tortellis à la citrouille. Pour dessert, nous aurions le zabaglione que ma grand-mère avait l'habitude de faire.

Quel serait le décor du repas ?

Nous serions tous assis à une longue table, dans le jardin se trouvant à la maison de ma grand-mère dans les collines italiennes.

Que boiriez-vous avec votre repas ?

Du champagne Krug et de bons vins.

Y aurait-il de la musique ?

Tony Bennett jouerait en personne, et, quand il aurait terminé, Larry David et Jerry Seinfeld feraient une courte apparition pour nous divertir.

Qui seraient vos convives ?

Ma famille et mes amis intimes se joindraient à moi.

Qui préparerait le repas ?

Ma famille — nous le cuisinerions tous ensemble.

Quel serait votre dernier repas sur Terre ?

Je voudrais un succulent cochon rôti avec des pâtes maison et des copeaux de truffes noires, et une salade simple faite avec de la jeune scarole et du citron. Ensuite, du fromage et de la grappa, suivis de chocolat suisse, parce que ma femme, Mary, adore ça.

Quel serait le décor du repas ?

Pendant une randonnée sac au dos sur le Sentier international des Appalaches, nous camperions sur une crête dans les Great Smoky Mountains. Ce serait une fraîche soirée d'été. Après une longue journée de randonnée pédestre, nous regarderions le coucher de soleil et contemplerions les teintes douces du ciel.

Que boiriez-vous avec votre repas ?

Je boirais un Hermitage blanc Chaves, Cuvée Catherine 1990.

Y aurait-il de la musique ?

Nous n'écouterions rien, car, même si la musique constitue une part importante de nos vies, il y a tellement de sons dans la nature que nous ne voudrions rien entendre d'autre.

Qui seraient vos convives ?

Il n'y aurait que Mary et moi, et personne d'autre.

Qui préparerait le repas ?

Je préparais le dîner avec ma femme, mais seulement une fois que quelqu'un nous aurait largué le nécessaire en hélicoptère. Tout aurait été emballé à la perfection afin que rien ne se brise au cours de la chute. Et quand nous aurions terminé, le pilote descendrait pour fermer le sac et accrocher les restes de nourriture hors de portée des ours (c'est une vraie corvée) avant de décoller de nouveau.

QUEL SERAIT LE DÉCOR DU REPAS ?

J'aimerais qu'il se de
pendant une belle jo
modeste table. Je plo
après avoir mangé le
qui m'entoure.

oule à la plage
rnée, assis à une
gerais dans l'océan
rabe et sali tout ce

Quel serait votre dernier repas sur Terre ?

J'aimerais manger un plat simple comme un sashimi de thon à nageoires jaunes sublimement frais, avec du crabe de vase bouilli accompagné d'un peu d'ailloli.

Que boiriez-vous avec votre repas ?

Ce qui accompagnerait merveilleusement cette nourriture simple serait un Riesling Polish Hill Jeffrey Grosset d'un grand millésime, âgé d'environ cinq ans.

Y aurait-il de la musique ?

Les bruits de la conversation et de la fête suffiraient, accompagnés du clapotis des vagues et d'une brise légère agitant les palmiers.

Qui seraient vos convives ?

J'aimerais être avec ma femme et mes enfants. J'aimerais aussi recevoir quelques grands du monde, pour discuter de l'importance de la nourriture, de l'amour, de la paix et de l'harmonie. Je détesterais voir le monde de mes enfants détruit au nom de la démocratie.

Qui préparerait le repas ?

J'aimerais le préparer moi-même, puisque ce serait mon dernier.

Quel serait votre dernier repas sur Terre ?

Mon dernier repas s'inspirerait de la carte du restaurant Arroyo, qui se trouve dans la partie sud de la ville de Mexico. Nous mangerions des carnitas, du porc cuit dans sa propre graisse jusqu'à ce qu'il soit succulent et croustillant ; des chicharrónes, des grillades de lard de porc ; une barbacoa de borrego, de l'agneau assaisonné au sel et au poivre enveloppé dans des feuilles d'agave et cuit dans un fourneau en forme de puits ; un consommé de légumes à saveur de fumée, qui serait préparé dans le puits pendant que la viande cuirait au-dessus ; du guacamole ; et des huaraches, des gâteaux ovales à la purée de maïs garnis de fèves, trempés dans une salsa aux tomatilles et saupoudrés de queso añejo (fromage mexicain vieilli) et de coriandre fraîche.

Quel serait le décor du repas ?

Le restaurant Arroyo, en suivant un itinéraire précis. Vous quittez le vaste stationnement et montez l'escalier couvert jusqu'à l'entrée. De chaque côté se trouvent des étalages de fruits, de fleurs, de gommes et de bonbons. Vous passez par la cuisine, qui contient de gros fourneaux en forme de puits posés sur le plancher sale, où ils cuisent la viande. Du kiosque d'accueil sommaire, on vous conduit à des tables communautaires dans l'une des trois salles à manger immenses. Je m'installerais dans la salle du milieu, devant, près de la scène, entouré de toutes les autres personnes présentes dans la salle.

Que boiriez-vous avec votre repas ?

Pulque curado de guayaba (pulque parfumé à la goyave) et tequila Herradura Reposado — même si ce n'est pas la meilleure tequila, c'est la meilleure qu'ils servent, et elle est très bien faite. Il y aurait aussi de l'eau minérale et de la bière Bohemia.

Y aurait-il de la musique ?

Il y aurait beaucoup, beaucoup de musique. Au restaurant, ils ont plusieurs petits groupes qui jouent tous les styles de musique — comme norteño et mariachi — en se déplaçant de table en table. Ils jouent également les demandes spéciales.

Qui seraient vos convives ?

Mes amis et ma famille seraient autour de moi.

Qui préparerait le repas ?

Le restaurant cuisinerait tous les plats, et je les dégusterais tels quels.

—RAYMOND BLANC—

Quel serait votre dernier repas sur Terre ?

J'imagine que la nourriture serait humble et simple, quelque chose de très familier avec des saveurs réconfortantes, comme une grosse saucisse de Morteaux, régionale et grasse, accompagnée de gruyère, et une baguette traditionnelle croustillante. Cela serait merveilleux.

Quel serait le décor du repas ?

Nous serions assurément en France, près de Besançon où vivent mes parents. Nous pourrions peut-être nous donner rendez-vous en Bourgogne, dans les caves de Beaune, où j'ai vécu l'un des plus beaux moments de ma vie. Monsieur Jadot y avait organisé une dégustation pour deux cents personnes et nous y avions dégusté les meilleurs vins. Certains avaient perdu du corps, mais pas leur âme. Certaines personnes pensent que les caves sont des lieux de passage vers l'Autre monde.

Que boiriez-vous avec votre repas ?

Plutôt que de me concentrer sur la nourriture, j'aimerais prendre la plus incroyable bouteille de Bourgogne Clos de Vougeot. J'avais seize ans lorsque j'en ai bu pour la première fois. Je n'oublierai jamais ce moment... ni ce goût.

Y aurait-il de la musique ?

Ce sont les Rolling Stones qui me viennent d'abord à l'esprit. Ensuite, je pense que j'aurais besoin de calme et de quiétude, alors Arvo Pärt, le compositeur estonien, dirigerait son Spiegel im Spiegel. Ce serait parfait.

Qui seraient vos convives ?

Je dînerais avec mon ami René, qui est mon meilleur ami depuis l'âge de deux ans. Puisqu'il est déjà décédé, il pourrait faire un bon passeur pour moi ! Mes deux fils devraient également être là, puisque ce ne sont pas seulement mes fils, mais aussi mes meilleurs amis. Ma partenaire, Natalia, apporterait un peu de jovialité au processus entier. Étant Russe, elle a une grande connaissance du processus du deuil. Les Russes aiment leurs morts et les pleurent ouvertement pendant des années. Leurs cimetières sont dans les bois, et ils plantent des arbres pour faire de l'ombre aux tombes. Une fois par année, ils s'y rendent avec de la vodka et du pain et expriment leur chagrin. C'est une approche très différente de celle de la culture anglaise.

Qui préparerait le repas ?

Paul Bocuse est probablement le chef qui a le plus apporté à l'humanité au cours des cinquante dernières années. C'est une personne merveilleuse qui a aidé plusieurs jeunes à atteindre la gloire et la fortune. Il a aussi un sacré sens de l'humour et s'avère être l'un de mes meilleurs amis.

— Michel Richard —

Quel serait votre dernier repas sur Terre ?

Du poulet rôti à l'ail et au citron, la ratatouille de ma femme, Laurence, des frites et une glace au caramel à l'érable.

Quel serait le décor du repas ?

N'importe où, pourvu que ce soit avec Laurence. Un café extérieur champêtre ou une auberge, ce serait bien, lors d'une journée pluvieuse, assis sous une toile imperméable ou un quelconque parasol.

Que boiriez-vous avec votre repas ?

Je commencerais avec du champagne : un Krug, Clos du Mesnil 1982. Ensuite, un Corton-Charlemagne. Après le dîner, un verre de poire et un cigare.

Y aurait-il de la musique ?

Pas de musique, seulement le bruit de la pluie. Nous pourrions même dîner sous un toit en verre afin de l'entendre. J'adore la pluie. Lorsque j'étais enfant, je jouais à l'intérieur d'une grosse boîte de carton, comme s'il s'agissait d'une tente, jusqu'à ce que la pluie détruise la boîte.

Qui seraient vos convives ?

Ma femme, Laurence, et les enfants, et tous les gens que j'aime. Eh bien, peut-être que les gens que j'aime pourraient venir plus tard. De toute façon, nous nous retrouverons tous au Paradis.

Qui préparerait le repas ?

Pierre Gagnaire. Mais il devrait suivre la recette de Laurence pour la ratatouille.

QUEL SERAIT VOTRE DERNIER REPAS SUR TERRE?

*Pour un dernier rep[as]
options fondamental[es :]
totalement inédit, ou[
l'on a déjà connu. Po[ur un]
dîner, je choisirais
la deuxième option.*

s, il existe deux
s : prendre un repas
revivre un repas que
ur mon dernier

Quel serait le décor du repas ?

Ma résidence secondaire, située juste à l'extérieur des murs d'une petite ville nommée Panicale, se trouvant au sommet d'une colline en Ombrie. J'y passe un mois chaque été, et, durant cette période j'organise plusieurs grandes réceptions merveilleuses. Mon dernier repas serait comme l'une de ces fêtes. Lorsque les invités arriveraient, ils seraient accueillis par une table en bois rustique débordant d'antipastis — sept variétés de salami, quatre variétés de mozzarella fraîche, des pecorinos, des amandes et des olives. Ma maison n'est pas énorme et ne permet pas aux gens de s'asseoir à une même grande table, alors ils se disperseraient. Il y en aurait quelques-uns à la petite table du porche frontal, davantage dans la cour arrière, une douzaine environ sous la pergola, et les autres, bien sûr, dans la cuisine. Pour ma part, je naviguerais de groupe en groupe, savourant le fait qu'ils passent un excellent moment.

Que boiriez-vous avec votre repas ?

À toutes mes réceptions, je demande à chacun d'amener au moins une bouteille de vin rouge. Certains en apportent deux ou trois, comme mon ami Bobby, qui cache habituellement une bouteille remarquable dont il ne glisse un mot qu'à quelques-uns. Il vaudrait mieux que je fasse partie de ce cénacle ou le pauvre Bobby risquerait d'avoir un dernier repas lui-même !

Y aurait-il de la musique ?

Nous mettrions de la musique, surtout du rock classique et du Motown — Bruce, Dylan, Neil Young, les Rolling Stones, Elvis Costello, les Supremes et Smokey. Pas trop fort. Pas encore.

Il y a un an, l'un de mes invités était un Anglais nommé Tony, qui est un batteur professionnel et enseigne la batterie à Londres. Le type, qui a environ cinquante-huit ans, joue comme un as. À la fête, Bobby, le gars des vins, a arrangé plusieurs bouteilles de vin vides ou presque vides et a commencé à taper dessus avec des cuillères. Les bouteilles de vin étaient placées dans un ordre qui les faisait sonner comme des touches de piano, chacune produisant une note légèrement différente. Comme les festivités battaient leur plein, et qu'il y avait davantage de bouteilles vides, Tony a pris le relais. À cette époque, nous n'avions qu'une poignée de CD, alors nous avons fait jouer San Francisco Bay Blues et Layla de Clapton, ainsi que

Brown Eyed Girl de Van Morrison, environ dix fois chacune, encore et encore. C'était magique. La musique était forte, le monde était heureux et ivre de bonne nourriture et de bons vins. Nous avons chanté. Certains ont dansé. C'était une soirée entraînante et enjouée que je n'oublierai jamais. C'est ainsi que j'aimerais que mon dernier repas se passe.

Qui seraient vos convives ?

Au cours des dernières années, j'ai rencontré de nombreuses personnes vivant à Los Angeles, qui passent également une partie de leur été à Panical. Même si je ne les vois pas souvent à Los Angeles, pendant ce mois en Ombrie, ce sont mes meilleurs amis. Ils seraient tous invités, ainsi que, bien sûr, ma famille : mon père, Larry ; ma fille, Vanessa ; mes garçons, Ben et Oliver ; et ma sœur, Gail, et son fiancé, Joel.

Qui préparerait le repas ?

J'enverrais des amis dans différents coins de l'Ombrie et de la Toscane pour recueillir les ingrédients principaux de ma soirée d'adieu. Margy et Robert dénicheraient à Todi les plus fraîches et crémeuses mozzarellas au lait de bufflonne et de vache. Laurie et Jonathan conduiraient jusqu'à Norica pour prendre un assortiment de salamis et de lentilles ombriennes de Castalucia. Gail et Joel iraient à Pienze pour trouver les meilleurs pecorinos. Enid, Richard et Linda chercheraient les meilleurs produits et le seul bon pain de ma région. Mon fils Olivier et moi emprunterions la route panoramique venteuse menant à la ville de Panzano en Chianti, domicile de Dario Cecchini, le boucher le plus renommé d'Italie. Dario nous fournirait le plat de résistance du souper, sa fameuse bistecca fiorentina. Nous prendrions le bifteck massif et une montagne de lardo fouetté assaisonné, des côtelettes d'épaule de porc parsemées de fenouil, du soppresetta, et les incomparables salamis au fenouil et saucisses au fenouil du maître, que nous ferions griller.

Le matin de la fête, mon ami Bradley commencerait à cueillir des herbes sauvages qui poussent dans ma cour — thym, romarin, sauge et basilic. Il couperait des fleurs sauvages pour les tables et envelopperait l'argenterie dans des serviettes de table décoratives attachées avec de la ficelle. Vous voyez, tout réside dans les petits détails. Mon voisin Franco allumerait le feu dans mon gril extérieur, et je partirais les contornis — oignons rôtis avec des feuilles de laurier et du fenouil sauvage, radicchios braisés avec vinaigre balsamique et romarin, courgettes grillées avec menthe sauvage, haricots borlottis frais avec sauge et ail, lentilles avec huile d'olive extra vierge et basilic frais. Aucune de mes réceptions n'est complète sans un bol de pesto, pilé dans mon mortier massif, pour accompagner la mozzarella. Le pesto n'est jamais aussi bon que lorsqu'il est fait en Italie. Mon ami Lissa disposerait les salamis sur une énorme planche de bois d'olivier (en tentant d'empêcher les autres assistants d'en piger trop).

Un des moments que j'apprécie le plus est lorsque j'ouvre une bouteille de rouge ombrien ou toscan en constatant que nous progressons bien dans notre besogne. Nous prenons une gorgée, retournons au travail, puis prenons encore une gorgée ou deux. J'adore ce plaisir simple. À ce moment, le feu serait plus chaud que l'enfer, alors Hiro, mari de Lissa et chef au Terra de la Napa Valley, commencerait à saisir les biftecks et griller les saucisses et le pain. Je terminerais la salade de roquette sauvage. La table du buffet au bas des marches serait remplie, attendant seulement l'étoile du repas, la viande de Dario. Lorsque la viande serait cuite, ses jus fixés et qu'elle serait tranchée, tout descendrait par l'escalier et les invités pigeraient dans le buffet.

C'est ainsi que je voudrais que se passe mon dernier repas. Lorsqu'on pense à ce dernier repas, c'est une réflexion naturellement déchirante. Mais le mien serait une célébration — célébration d'aliments frais, de famille et d'amis, et, bien sûr, de bouteilles. Des bouteilles vidées et transformées en percussions.

✳

Quel serait votre dernier repas sur Terre ?

Je prendrais plusieurs services de poissons et fruits de mer crus, menus et fins. Des plats chinois déborderaient de produits merveilleux : huîtres, crustacés, sardines et anchois. Il y aurait également des plats comme de fines tranches de thon à nageoires jaunes avec une trempette faite de sauce soja, citron yuzu et coriandre fraîche, ou des oursins verts et du caviar d'Osetra avec de la crème fraîche à la vodka et du daïkon.

Quel serait le décor du repas ?

J'aimerais m'asseoir à une longue et immense table, à l'extérieur, qui surplomberait la mer — je pense à un endroit comme le Château Eza sur la Côte d'Azur. Je veux jeter un dernier coup d'œil à cette planète magnifique avant de la quitter.

Que boiriez-vous avec votre repas ?

Honnêtement, j'adorerais une bouteille de Château Margaux 1900, que je siroterais pendant quelques heures.

Y aurait-il de la musique ?

Miles Davis jouerait en personne avec Bob Dylan.

Qui seraient vos convives ?

J'aimerais que Fedor Dostoïevski, Ernest Hemingway, Charles Bukowsky, Henry Miller, Tom Wolfe, Hunter S. Thompson, et F. Scott et Zelda Fitzgerald se joignent à moi.

Qui préparerait le repas ?

Mon chef Matthias Merges préparerait tout en coulisse.

✳

—JEAN-GEORGES VONGERICHTEN—

Quel serait votre dernier repas sur Terre ?

> *Imaginez un banquet royal au Grand Palais de Bangkok, qui abrite habituellement le roi. Certains des plats servis pourraient être du thon émincé ; du tapioca au chile ; des rouleaux au homard, à la poire asiatique et à la lime avec de l'aneth et du sriracha ; une salade d'encornets croquante ; du gingembre, de la papaye et des noix de cajou ; du poulet grillé sur charbon de bois avec une sauce aux kumquats et à la citronnelle ; un canard au cari rouge ; du riz frit au gingembre ; des fruits exotiques ; et du sel à la lime piquant.*

Quel serait le décor du repas ?

> *Le banquet serait servi dans la salle de danse royale du Grand Palais.*

Que boiriez-vous avec votre repas ?

> *Nous prendrions des vins alsaciens, comme du Tokay pinot gris, parce qu'ils se marient bien à la cuisine asiatique.*

Y aurait-il de la musique ?

> *Il y aurait des danseurs et des musiciens thaïs locaux.*

Qui seraient vos convives ?

> *Le roi, sa famille, ma famille, et tous ceux que j'aime.*

Qui préparerait le repas ?

> *Le chef royal de la cuisine royale préparerait tout.*

Quel serait votre dernier repas sur Terre ?

Je pense que ce serait quelque chose de très simple, dans le style de la cuisine familiale : des tranches de tomates parfaitement mûres avec du basilic ; du sel de mer et de l'huile d'olive ; un excellent pain ; du prosciutto et une coppa (coupe de champagne) ; du cochon de lait rôti avec une peau super croustillante ; et du brocoli ou du rapini des champs avec de l'ail, de l'échalote et du piment fort.

Quel serait le décor du repas ?

Ce serait à la plage, peut-être sur une terrasse, ou dans une sorte de champ ou de jardin avec vue sur la plage. Les chaises et les tables seraient très confortables, dans le style provençal.

Que boiriez-vous avec votre repas ?

Un champagne millésimé Billecart-Salmon, suivi probablement par plus de rosé, et puis peut-être un peu de Cabernet Franc Lang and Reed.

Y aurait-il de la musique ?

Radiohead pourrait jouer pour moi !

Qui seraient vos convives ?

Si je le pouvais, j'aimerais prendre un brunch avec mes amis intimes et ma famille, et dîner seul avec mon mari.

Qui préparerait le repas ?

Je choisirais quelqu'un d'extrêmement talentueux, mais cette personne ne devrait pas être vue de toute la journée.

— MARTIN PICARD —

Quel serait votre dernier repas sur Terre ?

Mon dernier repas sur Terre serait un souper multiservice. J'aimerais débuter avec un kilo de caviar accompagné de blinis et de beurre savoureux, le tout arrosé de vodka. Ensuite viendraient deux truffes de cent grammes chacune, l'une noire et l'autre blanche, émincées sur du pain grillé de mon restaurant, Au Pied de Cochon, et assaisonnées avec du sel de Guérande non affiné et de l'huile d'olive. Je poursuivrais avec du foie gras cru au sel sur une tarte de boudin, avec de la moutarde et des oignons caramélisés ; une oie des neiges, finement tranchée, marinée crue dans une huile neutre, du vinaigre de vin et des baies de genévrier de l'Île aux Oies. Ensuite, un filet de thon rouge de la Nouvelle-Écosse, fraîchement pêché, servi cru avec la sauce soja maison du Pied de Cochon et une simple feuille de laitue en guise d'accompagnement en l'honneur de ma mère. Puis, une montagne de bécasses que j'aurais chassées avec mes amis Marc Séguin et Hugue Dufour. Elles seraient préparées de façon classique selon la recette de l'édition 1984 du Larousse gastronomique : bécasses rôties sur canapé. Il n'y aurait aucun dessert, parce que je ne mange jamais de desserts, à moins qu'ils ne soient faits par Mostafa Rougabi, mon voisin et chef-propriétaire de La Colombe. Mais j'aurais besoin d'un lit de mort pour jeter un coup d'œil sur le passé.

Quel serait le décor du repas ?

Il se déroulerait dans la forêt en automne, pendant que souffle un vent annonçant la saison froide. C'est la saison de la chasse au cerf de Virginie. On traverserait également de vastes terrains couverts d'érables, où l'on se sentirait libre et où rien n'appartiendrait à personne. Je sentirais la décharge d'adrénaline de mon dernier bonheur.

Que boiriez-vous avec votre repas ?

Philippe, mon sommelier, sélectionnerait les vins, parce qu'il me connaît bien. Il y aurait du Domaine de la Romanée-Conti et du champagne, ainsi que de la vodka avec le caviar, en mémoire de Robidoux.

Y aurait-il de la musique ?

J'écouterais les disques de Jean Leloup « the Wolfe » Leclerc, les Cowboys Fringants, ainsi que Bach interprété par Glenn Gould.

Qui seraient vos convives ?

Jésus souperait à ma table, parce que c'est un spécialiste des derniers repas.

Qui préparerait le repas ?

Mes enfants commenceraient à préparer le repas, mais leur mère les arrêterait s'ils devenaient turbulents. Ensuite, Normand Laprise et Elena Faita, qui sont toujours là pour moi, entreraient en scène et termineraient les préparatifs.

Y AURAIT-IL DE LA MUSIQUE ?

*Il n'y aurait que le b
du vent.*

uit de l'eau et

Quel serait votre dernier repas sur Terre ?

Ma passion, c'est la pêche et la navigation. Puisque l'aliment que je préfère le plus au monde est le thon, je voudrais que mon dernier repas ressemble à ceci : je serais en train de pêcher sur un bateau, nous prendrions un thon, le laisserions mûrir quelques jours, puis le mangerions. Je le préparerais de nombreuses façons : en sashimi, en carpaccio, légèrement saisi et en tartare. Ce serait mon repas de rêve.

Quel serait le décor du repas ?

Sur un bateau de n'importe quelle taille, n'importe où ; cela m'importerait peu, du moment que je serais sur l'eau.

Que boiriez-vous avec votre repas ?

J'aime le saké froid, lorsqu'il est vraiment bon. Un fabricant de saké du Japon le préparerait pour nous.

Qui seraient vos convives ?

Je serais en compagnie de mon professeur de voile, John Whitehead, et de mon moniteur de pêche, Craig McGill.

Qui préparerait le repas ?

Le chef II et moi-même. Son nom est vraiment II.

TETSUYA WAKUDA

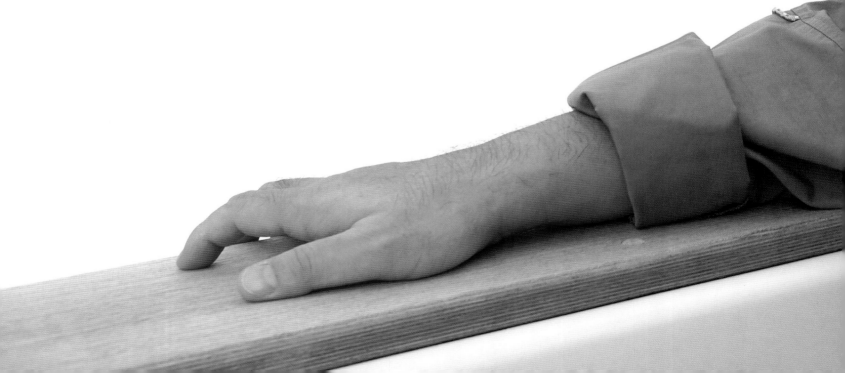

✳

Quel serait votre dernier repas sur Terre ? *Pour être honnête, je prendrais le sandwich BLT au thon à la carte du BLT Fish Shack. J'ajouterais un peu de sriracha (une sauce chili épicée). Des frites avec du ketchup Heinz seraient également un must, et le dessert serait un beignet Krispy Kreme conventionnel.* Quel serait le décor du repas ? *Ce serait une journée chaude sur la plage à Mexico.* Que boiriez-vous avec votre repas ?

Je prendrais une bière : une Corona avec un quartier de lime. Y aurait-il de la musique ? *Bien sûr ! U2 ou les Rolling Stones joueraient en direct.* Qui seraient vos convives ? *Mes amis et ma famille dîneraient avec moi.* Qui préparerait le repas ? *C'est moi !*

✳

Y AURAIT-IL
DE LA MUSIQUE ?

*Oui, et elle jouerait
beaucoup de Gratefu
matériel de 1976 à 19*

rès fort. Il y aurait
Dead, surtout du
'9.

Quel serait votre dernier repas sur Terre ?

Ce serait un repas très simple présentant certains de mes mets favoris. Puisqu'il s'agit de mon dernier, la dimension réconfort serait très importante. J'aimerais des œufs légèrement brouillés avec du pain de seigle grillé ; un cheeseburger saignant garni d'un œuf au plat, sans pain ; un beau bifteck avec une sauce béarnaise traditionnelle très épaisse (la première sauce que j'ai appris à cuisiner) ; et quelques légumes, pour faire plaisir à ma mère.

Tout est là : petit-déjeuner, déjeuner et dîner. Chaque service comporte des œufs, mon aliment favori. C'est pour cette raison qu'on peut voir un œuf sur ma carte d'affaires. Mon dernier repas serait bourré d'œufs.

Quel serait le décor du repas ?

Il se déroulerait au restaurant. Même si cela fait cliché, j'aime bien manger debout dans ma cuisine. Il s'y trouve une lucarne, et, au cours des après-midi ensoleillés, la cuisine se remplit de lumière. Le plancher est bleu, ce qui ajoute au sentiment d'immatérialité et de légèreté. Le jour, j'aime vraiment l'atmosphère dans la cuisine. Nous écoutons de la musique, qui est généralement très calme. Chacun travaille fort et se concentre sur sa tâche. Je me considère très chanceux d'avoir une cuisine aussi belle et une équipe aussi dévouée. C'est un endroit très important pour moi.

Que boiriez-vous avec votre repas ?

Du vin. L'un des avantages d'être chef, c'est d'avoir accès à de très bons vins. Je ne suis pas un expert, mais je sais ce que j'aime. Mon père, Dewey Dufresne, sélectionnerait une partie des vins pour le restaurant, avec Glen Goodwin. Je leur ferais confiance pour me trouver des crus qui se marient bien aux œufs.

Qui seraient vos convives ?

Il y aurait mes amis et ma famille.

Qui préparerait le repas ?

Je ferais les œufs brouillés et battrais la béarnaise. Mais c'est tout. Je ne serais pas le responsable pendant ma dernière journée. Je ferais confiance à mes aides dans la cuisine pour préparer le reste.

WYLIE DUFRESNE

— JOSÉ ANDRÉS —

✳

Quel serait votre dernier repas sur Terre ?

C'est une question difficile. Dîner au El Bulli est une expérience unique, et je voudrais peut-être y retourner. Toutefois, en y pensant bien, mes repas préférés ne se sont habituellement pas déroulés au restaurant. Pour mon dernier festin, j'aimerais recréer ce merveilleux barbecue asturien que j'ai pris une fois dans un vieux moulin magnifique à Tazones, un petit village des Asturies.

Nous avons commencé par des tortillas chaudes et des omelettes de pommes de terre, suivies de montagnes de percebes (pouces-pieds), qui sont un mets absolument délicat, puis des llámpares (des mollusques semblables aux escargots) que quelqu'un avait braisés dans des tomates et de l'ail. Ce fut suivi de rodaballo (turbot), qui a été grillé sur du vrai charbon de bois. Certains des jeunes hommes étaient des pêcheurs, et, cet après-midi-là, ils avaient tiré des eaux locales l'étoile du repas : des centollos. Les centollos sont d'énormes araignées de mer d'allure préhistorique. Ils étaient si frais qu'ils étaient encore couverts d'algues. Nous les avons fait cuire sur le gril, et vous ne pouvez imaginer à quel point c'était bon ! La chair est si douce, avec un goût de fumée. Puisque nous étions dans les Asturies, nous avons terminé le repas avec du bœuf et du fromage bleu. Les Asturies sont pluvieuses et verdoyantes : ce qui en fait un lieu de prédilection pour l'élevage des bovins. La région produit l'un des meilleurs bœufs au monde, et le cabrales, le fromage bleu local, est merveilleux. C'est une association classique, et, pour fêter nous avons fait griller d'énormes biftecks dignes de Pedro Picapiedra — ou Fred Caillou dans votre langue.

Quel serait le décor du repas ?

Je voudrais être dans ce moulin à Tazones, ou dans un autre endroit très, très semblable. Les Asturies possèdent un verdoiement unique, et sont entourées d'une grande masse d'air frais avec l'odeur de la mer.

Que boiriez-vous avec votre repas ?

Des bouteilles d'albariño jeune. Il s'agit d'un blanc sec de la Galicie. Il est très parfumé, avec des odeurs de fleurs et de fruits, et très acide — parfait pour tous les poissons et fruits de mers. Nous pourrions aussi prendre du fameux cidre asturien. Vous le versez en tenant la bouteille très haut au-dessus de la tête et en la tournant. Cette façon de procéder oxygène le cidre et lui donne une légère effervescence. Vous devez alors le boire rapidement, avant que les bulles ne disparaissent.

Y aurait-il de la musique ?

Aucune musique ne serait nécessaire. Il y aurait assez de bruit avec les conversations et les rires !

Qui seraient vos convives ?

Je voudrais absolument que ma femme et nos filles soient là.

Qui préparerait le repas ?

J'aime cuisiner pour les autres, alors je ferais une bonne partie de la cuisine. Je pourrais peut-être demander à mon ami Pedro Morán de la Casa Gerardo de m'aider et de préparer une fabada, le fabuleux ragoût de haricots asturien.

✳

Quel serait votre dernier repas sur Terre ?

En supposant que je sois en bonne santé et consciente de ce qui m'attend, je rechercherais le calme et le réconfort d'aliments familiers qui ont pour moi une signification émotive. Je pense que je prendrais un repas constitué de crabes de vase aux chiles, tofu braisé aux crevettes et au porc, feuilles de pois mange-tout sautées à feu vif et riz vapeur, suivis de crêpes à la pâte de haricots rouges avec du thé au jasmin.

Quel serait le décor du repas ?

Ce serait un luxe pour moi d'être à la maison, puisque je n'y passe pas beaucoup de temps. Cela me permettrait d'introduire dans la sphère privée ce que j'offre au public sur une base quotidienne. Les gens viennent à mon restaurant pour connaître mon sens particulier de l'hospitalité et de la cuisine. Je pourrais alors me réapproprier tout ça et partager ces choses avec mes êtres chers, en guise de témoignage de mon amour et de mon estime.

Que boiriez-vous avec votre repas ?

Je prendrais du champagne, puisque c'est ce que je préfère. Je choisirais l'un des grands millésimes d'une des grandes maisons, peut-être un Salon ou un Taittinger Comte de Champagne de 1998, ou un Dom Pérignon 1989.

Y aurait-il de la musique ?

J'inviterais mon ami Henry, un violoniste passionné et talentueux, à nous jouer la sérénade.

Qui seraient vos convives ?

À ce moment de ma vie, ce serait ma famille et mes amis intimes. Si vous me demandez qui serait sur ma liste d'invités de rêve, j'espérerais les avoir déjà rencontrés et avoir déjà dîné avec eux quand arriverait mon dernier repas. Mais, parmi les vivants, je choisirais des gens comme John Lanchester, dont le livre The Debt to Pleasure *a tiré tous les fils de l'histoire culinaire pour moi, et David Thompson, dont l'écriture m'inspire, et dont l'humour grinçant serait très apprécié lors d'une occasion aussi noire.*

Qui préparerait le repas ?

Je le ferais. Cela m'a toujours calmé et a favorisé ma concentration de m'engager dans l'acte physique de la préparation des aliments. À ce moment plus qu'à tout autre, il serait important d'atteindre ce niveau de calme. Ce serait également ma dernière chance de dire au revoir à cet art qui m'a apporté tant de joie. Il y a aussi une raison égoïste à cela. J'imagine que je me comporterai comme je l'ai toujours fait, et que je transformerai les plats sans cesse en les cuisinant. Est-ce que je remplacerai le crabe de vase du Queensland par des écrevisses de Tasmanie ? ou plongerai-je des crabes à carapace molle frits dans la sauce chili ? Je me demanderai si du foie gras irait bien avec le crabe si j'adoucissais la sauce, et si des truffes du Périgord feraient un contrepoint intéressant aux feuilles de pois mange-tout. J'essaie de vivre ma vie de façon à ce qu'aucune question ne soit irrésolue et nulle expérience intentée. À l'heure de ce dernier repas, j'espère que j'aurai déjà répondu à toutes les questions ayant surgi au cours ma vie, de façon à ce que je puisse me concentrer sur mes adieux.

QUEL SERAIT LE DÉCOR DU REPAS ?

❦

*Je choisirais d'aller s[...]
dernier repas, mais [...]
je suis devenu las des[...]*

❦

r Mars pour mon
n'est pas parce que
plaisirs terrestres.

Il existe une raison qui motive cet emplacement éloigné. Par le biais de mon pôle Conseil et Formation, ADF (Alain Ducasse Formation), j'ai été mandaté par l'Agence spatiale européenne (ESA) et le Centre national d'études spatiales, l'agence française de l'espace, pour créer des « Special Event Meals » (repas de fête) destinés aux astronautes de la Station spatiale internationale. J'ai également été mandaté par l'ESA pour créer des repas que les astronautes de la mission Mars pourraient non seulement manger pendant leur voyage d'une durée de plusieurs mois, mais aussi après leur arrivée sur Mars, en y faisant pousser les ingrédients concrets !

Quel serait votre dernier repas sur Terre ?

Je commencerais avec une caponata. Il s'agit d'une spécialité sicilienne constituée de poivrons, de tomates et de courgettes, et parfumée au miel et aux amandes. C'est une façon légère et délicieuse d'entamer le repas, avec une note résolument méditerranéenne. Je poursuivrais avec des cailles rôties au Madiran. Avec ce plat, nous nous déplaçons vers le sud-ouest de la France, ma région natale, d'où provient le Madiran. Suivrait ensuite du céleri-rave en délicate purée à la noix de muscade, dont la légèreté accompagne merveilleusement les petits oiseaux. Je terminerais avec des « morceaux de pommes fondantes ». Ces quatre recettes font partie de celles que nous avons créées pour les astronautes au Centre national d'études spatiales. Nous les désignons sous le terme de « Food for Extreme Pleasure » (nourriture procurant un plaisir intense).

Que boiriez-vous avec votre repas ?

Je boirais un Flower Power, un cocktail sans alcool créé par Thierry Hernandez, directeur du bar au Plaza Athénée, à Paris, planète Terre. Il s'agit d'un cordial de fleur et eau minérale, enrichi d'oxygène — une boisson désaltérante futuriste.

Y aurait-il de la musique ?

J'aurais probablement un air sur les lèvres — la chanson écrite en 1954 par Bart Howard et immortalisée dix ans plus tard par Frank Sinatra : « Fly Me to the Moon ». L'entendez-vous ?

Qui seraient vos convives ?

J'aurais trois convives : Takayama Tatsuhiro, chef d'un petit restaurant étonnamment nommé Tout Le Monde, à Osaka, au Japon. Il est l'un des chefs les plus raffinés du Japon et un maître des techniques occidentales contemporaines et des traditions japonaises millénaires. Puis, Jean-Paul Veziano qui, dans la vieille commune d'Antibes sur la côte méditerranéenne française, est l'un des boulangers les plus inspirés, et qui garde vivante la tradition provençale authentique de la pissaladière (une tarte à l'oignon parfumée avec du pissalat, un condiment résultant de la salaison et de la fermentation subséquente de petits poissons, tels que les anchois et les sardines). Et, finalement, Joseph Minocchi, un fermier dont le ranch, White Crane Springs, est situé à Healdsburg, dans le nord de la Californie. Les fines herbes (comme la sauge et la marjolaine) et les légumes (comme le pourpier d'hiver et le cresson) qu'il produit sont tout simplement exceptionnels. Les trois font le pont entre le passé et le présent, entre le terroir et l'assiette, et entre les cultures. Ils incarnent différentes manières de bien manger, et de façon responsable.

Qui préparerait le repas ?

Alain Souliac, qui est le chef à l'Ostapé, l'auberge que j'ai ouverte il y a quelques années dans la région basque française. Sinon, qui d'autre ? Ici, sur Terre, je prépare de la nourriture pour les astronautes dans les mêmes laboratoires de pointe où je prépare, dans le style campagnard, du boudin noir très traditionnel. J'aime que des aliments aussi différents, représentant l'ancien et le nouveau, puissent naître au même endroit. Cela ouvre de nouveaux horizons à notre façon de concevoir la nourriture, et célèbre les plaisirs de la table quelle que soit la situation.

Chère Madame,

Je vous remercie pour votre lettre et suis touché par votre admiration.
Cependant, j'entretiens un rapport phobique avec la mort, et, pour cette raison, je ne discuterai jamais de mon dernier repas !
Cela me ramène à ma philosophie de vie : je parle des ouvertures, pas des fermetures.

Veuillez agréer, chère Madame, l'expression de mes sentiments distingués.

Guy Savoy

RECE

TTES

Pour 4 personnes

45 ml (3 c. à soupe) d'huile d'olive
2 gousses d'ail pressées
½ chili
300 g (10½ oz) de parures et d'arêtes de cabillaud (morue)
235 ml (1 tasse) de crème fraîche (double crème)
Sel et poivre noir fraîchement moulu, au goût
1 kg (2¼ lb) de côtes levées de porc
1 tasse (235 ml) d'huile de tournesol
120 ml (½ tasse) de vin blanc
120 ml (½ tasse) plus 60 ml (4 c. à soupe) de miel
235 ml (1 tasse) d'eau
100 ml (6½ c. à soupe) de fondant
100 ml (6½ c. à soupe) de glucose
4 petits oignons
2 œufs

Équipement particulier :
Siphon à chantilly iSi de 1,5 litre
1 cartouche de N_2O
2 plaques à pâtisserie Silpat

Mousse de cabillaud :
*Chauffer l'huile d'olive à feu doux. Ajouter l'ail et le chili
et faire revenir jusqu'à coloration dorée. Ajouter les parures
de cabillaud et faire revenir pendant 1 minute. Ensuite,
incorporer la crème et augmenter à feu moyen. Laisser
mijoter le mélange pendant 15 minutes. Retirer le mélange
du feu et réfrigérer pendant 6 heures. Puis, en utilisant une
spatule ou une cuillère de bois, filtrer le mélange au tamis*

*fin trois fois. Saler et poivrer au goût. Remplir le siphon
avec le mélange passé et réfrigérer pendant 12 heures.*

Fond de porc au miel :
*Préchauffer le four à 200 °C (390 °F). Couper les côtes
levées de porc en morceaux de 7,5 cm (3 po), puis les
mettre dans un grand plat à rôtir. Arroser avec la moitié
de l'huile de tournesol, puis poivrer. Rôtir les côtes levées*

environ 2 à 2½ heures ou jusqu'à ce qu'elles soient dorées et complètement cuites. Retirer les côtes du four lorsqu'elles sont bien grillées et réserver. Déglacer immédiatement le plat à rôtir avec le vin, en raclant le fond pour en détacher les particules. Placer le plat à rôtir sur la cuisinière, à feu moyen, ajouter 120 ml (½ tasse) de miel et caraméliser (environ 2 minutes). Transvider le contenu du plat à rôtir dans une casserole moyenne, ajouter l'eau et laisser mijoter à feu très doux, en faisant réduire de moitié. Dégraisser et filtrer.

Caramel au miel :
Chemiser une plaque à pâtisserie avec du papier ciré. Dans une casserole, verser le fondant, le glucose et 60 ml (4 c. à soupe) de miel. Cuire à feu moyen jusqu'à ce que le thermomètre indique 160 °C (320 °F). Retirer le mélange du feu et l'étaler sur le papier ciré pour obtenir 2 cm (¾ po) d'épaisseur. Laisser tiédir. Lorsque le mélange de sucre sera tiède et ferme, le couper en carrés de 5 cm (2 po). Placer l'un des carrés entre les plaques à pâtisserie Silpat et chauffer au four à 170 °C (340 °F) environ 5 minutes ou jusqu'à ce que le caramel ait fondu. En laissant le caramel entre les plaques Silpat, utiliser un rouleau pour abaisser le caramel à 5 mm (¼ po) d'épaisseur. Pendant qu'il est toujours chaud, couper le caramel en carrés de 25 cm (10 po).

Petits oignons :
Blanchir les oignons entiers dans l'eau bouillante pendant 30 secondes. Égoutter et refroidir dans un bain d'eau et de glaçons. Peler les oignons en les conservant entiers. Dans une petite casserole, chauffer 120 ml (½ tasse) d'huile à feu doux, et y attendrir les oignons entiers, en remuant de temps en temps, pendant environ 25 minutes. Retirer les oignons de l'huile, les égoutter sur un essuie-tout, et les couper verticalement dans le centre. Dans une petite sauteuse, chauffer 60 ml (4 c. à soupe) de fond de porc à feu moyen. Ajouter les oignons tranchés, le côté coupé en bas, et faire revenir pendant 1 minute. Retirer du feu et réserver au chaud.

Œufs mollets :
Porter une marmite d'eau à ébullition et y plonger les œufs. Retirer un œuf après 3 1/2 minutes et réserver. Poursuivre la cuisson de l'autre œuf pendant 1 minute, puis retirer. Laisser tiédir les deux œufs. Écaler puis hacher grossièrement les deux œufs ensemble. Saler et poivrer au goût.

Finition et présentation :
Avec le siphon à chantilly, former une guirlande de mousse de cabillaud sur le rebord d'une assiette plate. Déposer 15 ml (1 c. à soupe) d'œufs mollets au centre de la guirlande. Couvrir les œufs avec de la mousse de cabillaud. Déposer 2 moitiés d'oignon sur le dessus de la mousse, en plaçant le côté caramélisé sur le dessus. Terminer le dressage en disposant quelques morceaux cassés de caramel au miel sur les oignons et la mousse.

Pour 2 personnes

180 ml (⅓ tasse) plus 90 ml (6 c. à soupe) d'huile d'olive
2 échalions (échalotes « cuisse de poulet »), coupés en dés menus
1 gousse d'ail, coupée en dés menus
235 ml (1 tasse) de fumet de poisson
4 tomates San Marzano, coupées en dés de 1 cm (½ po)
Jus de 1 citron
5 ml (1 c. à thé) de basilic frais, finement haché
5 ml (1 c. à thé) de ciboulette fraîche, finement hachée
5 ml (1 c. à thé) d'estragon frais, finement haché
Gros sel marin et poivre
4 noix de coquilles Saint-Jacques (pétoncles), extra grosses
15 ml (1 c. à soupe) de beurre

Sauce vierge :
Dans une grande sauteuse, chauffer 45 ml (3 c. à soupe) d'huile d'olive à feu doux. Ajouter les échalions et l'ail et faire revenir environ 2 à 3 minutes ou jusqu'à ce que les échalions soient attendris. Ensuite, ajouter le fumet de poisson et réduire le liquide des deux tiers. Après réduction du bouillon, ajouter 80 ml (⅓ tasse) d'huile d'olive, les tomates et le jus de citron. Laisser frémir la sauce de 4 à 5 minutes. Retirer la sauce du feu et incorporer le basilic, la ciboulette et l'estragon. Saler et poivrer généreusement.

Coquilles Saint-Jacques :
Pendant que la sauce mijote, chauffer 45 ml (3 c. à soupe) d'huile d'olive dans une sauteuse à feu vif. Ajouter les noix de coquilles Saint-Jacques et cuire pendant 1 minute de chaque côté. Ajouter ensuite le beurre et faire revenir les noix jusqu'à ce qu'elles soient dorées.

Finition et présentation :
Mettre les noix de coquilles Saint-Jacques dans 2 bols et arroser de sauce.

— JOSÉ ANDRÉS —
POIVRONS DEL PIQUILLO FARCIS AU CENTOLLO
(PIQUILLOS RELLENOS DE CENTOLLO)

Pour 6 personnes

Les centollos sont les énormes araignées de mer, d'allure presque préhistorique, des Asturies. La meilleure façon de les faire cuire est la plus simple. D'abord, il faut peser votre centollo. Pour chaque 100 g (3½ oz) de crabe, comptez 1 l (4¼ tasses) d'eau. Dans une grande marmite, portez l'eau à ébullition, plongez le centollo et faites-le cuire pendant 1 minute. Retirez le crabe de l'eau et coupez les pattes. Remettez le crabe dans l'eau bouillante et faites-le cuire pendant 1 minute pour chaque 100 g (3½ oz). Par exemple, pour 500 g (1 lb) de centollo, il vous faudra 5 l (1⅓ gallon) d'eau et vous devrez le cuire pendant 5 minutes.

6 noisettes, broyées
2,5 ml (½ c. à thé) de persil, haché très menu
5 ml (1 c. à thé) d'huile d'olive extra vierge espagnole
5 ml (1 c. à thé) de vinaigre de xérès
340 g (12 oz, 1½ tasse) de chair de crabe provenant du centollo cuit
Sel et poivre blanc au goût
1 pot de 225 g (8 oz) de poivrons del Piquillo entiers rôtis (environ 12 poivrons)

Dans une petite poêle à frire, faire griller les noisettes à feu doux jusqu'à ce qu'elles se colorent (environ 3 minutes), en remuant régulièrement pour éviter qu'elles brûlent. Retirer la poêle du feu et réserver.

Dans un bol, mélanger au fouet le persil, l'huile d'olive, le vinaigre de xérès et les noisettes rôties, afin de monter la farce. Plier la chair de crabe dans l'appareil avec une spatule. Saler et poivrer au goût. Farcir les poivrons del Piquillo avec le mélange de chair de crabe et servir.

Pour 4 personnes

50 ml (3½ c. à soupe) de raisin blanc
30 ml (2 c. à soupe) de raisin noir
120 ml (½ tasse) plus 25 ml (5 c. à thé) d'huile d'olive extra vierge
30 ml (2 c. à soupe) de vinaigre de riz
2,5 ml (½ c. à thé) de gingembre moulu
45 ml (3 c. à soupe) de persil haché
Sel et poivre au goût
120 ml (½ tasse) de dattes
150 g (5¼ oz) plus 55 g (2 oz) de chorizo
235 ml (1 tasse) d'eau
10 ml (2 c. à thé) d'ail haché
30 ml (2 c. à soupe) de chanterelles finement hachées
30 ml (2 c. à soupe) de bolets finement hachés
55 g (2 oz) de bacon, haché
240 ml (1 tasse) de chapelure
120 ml (4 oz) de jus de truffe
3 jaunes d'œufs
4 œufs
10 ml (2 c. à thé) d'huile de truffe
20 ml (1½ c. à soupe) de graisse d'oie
15 ml (1 c. à soupe) de ciboule hachée
4 à 5 feuilles de cerfeuil, hachées

Vinaigrette au raisin :
Épépiner les raisins, les couper en petits cubes, puis les placer dans un petit bol à mélanger. Ajouter 120 ml (½ tasse) *d'huile d'olive extra vierge, le vinaigre de riz, 1 ml (¼ c. à thé) de gingembre et 15 ml (1 c. à soupe) de persil. Saler et poivrer au goût.*

Mousse de chorizo et datte :
Au robot, réduire les dattes, 150 g (5¼ oz) de chorizo,
120 ml (½ tasse) d'eau et 1 ml (¼ c. à thé) de gingembre,
jusqu'à l'obtention d'une belle pâte. À l'aide d'une
spatule, filtrer le mélange en le pressant dans un tamis fin
et réserver.

Garniture aux champignons :
Dans une sauteuse, faire chauffer 15 ml (3 c. à thé) d'huile
d'olive à feu moyen. Ajouter 5 ml (1 c. à thé) d'ail et les
deux variétés de champignons. Faire revenir environ 2 à
3 minutes ou jusqu'à ce que les champignons soient tendres.
Ajouter 10 ml (2 c. à thé) de persil et retirer du feu.

Garniture à la chapelure :
Hacher 55 g (2 oz) de chorizo et le mettre dans une
sauteuse moyenne avec le bacon, la chapelure et 5 ml
(1 c. à thé) d'ail. Cuire à feu doux jusqu'à ce que le mélange
soit doré. Incorporer 120 ml (½ tasse) d'eau et le jus de
truffe. Poursuivre la cuisson du mélange à feu doux
pendant 5 minutes. Retirer du feu et réserver au chaud.

Jaunes d'œuf :
Mélanger légèrement les jaunes et ajouter 10 ml (2 c. à
thé) d'huile d'olive extra vierge. Saler et poivrer.

Œufs à la coque :
Étaler 4 petites feuilles de pellicule plastique, des carrés
d'environ 13 cm (5 po), sur une planche à découper.
Frotter chaque carré de pellicule plastique avec de l'huile
d'olive et casser délicatement un œuf au centre de chaque
morceau. Verser sur chaque œuf 6 gouttes d'huile de
truffe, 3 gouttes de graisse d'oie et une pincée de sel.
Relever la pellicule plastique autour de l'œuf et faire un
nœud au sommet, pour former une petite poche. Cuire les
œufs enveloppés dans l'eau bouillante 4½ minutes chacun.
Utiliser une cuillère à égoutter pour retirer les œufs de
l'eau. Couper le dessus du plastique pour enlever les œufs
et réserver au chaud dans un plat couvert.

Finition et présentation :
Déposer l'œuf chaud dans un coin d'une assiette carré.
Tracer deux lignes parallèles, de 1,5 cm (½ po) de largeur,
sous l'œuf : l'une avec la chapelure, l'autre avec la
mousse. Arroser l'œuf avec 15 ml (1 c. à soupe) de jaune
d'œuf, puis couronner avec 15 ml (1 c. à soupe) de
vinaigrette au raisin. Terminer le dressage en parsemant
la ciboule hachée et en ajoutant un brin de cerfeuil.
Finalement, garnir avec 15 ml (1 c. à soupe) de
champignons sautés.

Pour 6 personnes

60 ml (¼ tasse) de jus d'orange
30 ml (2 c. à soupe) de verjus
120 ml (½ tasse) d'abricots séchés, coupés en dés de 5 mm (¼ po)
1 pied de cochon, braisé et défait à la fourchette
  (voir plus loin la recette de Pied, queue, oreille et groin de cochon braisés)
1 queue de cochon, braisée et coupée en dés
1 oreille de cochon, braisée et coupée en julienne
60 ml (¼ tasse) plus 30 ml (2 c. à soupe) de jus de cuisson du cochon
2 échalotes françaises, coupées en dés menus
2 brins de thym
1 groin de cochon, braisé
3 pommes de laitue Bibb
240 ml (1 tasse) de mélange d'herbes — persil, estragon, cerfeuil, thym, menthe,
  coriandre fraîche, ciboulette —, des feuilles entières, non hachées
240 ml (1 tasse) de fèves de soja
120 ml (½ tasse) de pistaches non salées, écalées
Sel et poivre
Vinaigrette au citron (voir la recette à la page suivante)
75 ml (5 c. à soupe) de pancetta en dés
75 ml (5 c. à soupe) de guanciale en dés
30 ml (2 c. à soupe) de vinaigre balsamique

Dans une petite casserole, mélanger doucement le jus d'orange et le verjus. Faire frémir, ajouter les abricots séchés, puis cuire jusqu'à ce que les abricots commencent à ramollir (3 à 4 minutes). Retirer du feu et laisser tiédir les abricots dans la casserole. Une fois tièdes, les égoutter et réserver.

Dans une casserole moyenne, mélanger le pied, la queue et l'oreille de cochon apprêtés. Ajouter 60 ml (¼ tasse) du jus de cuisson du cochon, les échalotes et le thym, puis réchauffer légèrement. Dans une petite poêle, saisir le groin de cochon de tous les côtés, puis retirer du feu et émincer.

Dans un grand bol, mélanger la laitue Bibb, les fines herbes, les fèves de soja, les pistaches et les abricots apprêtés. Saler et poivrer la salade, puis arroser légèrement de vinaigrette au citron et de 30 ml (2 c. à soupe) de jus de cuisson du cochon. Ajouter le pied, l'oreille et la queue, en remuant la salade.

Dans une petite marmite, à feu doux, faire fondre le gras des dés de pancetta et de guanciale. Ajouter le vinaigre balsamique.

Finition et présentation :
Dresser la salade dans l'assiette en ajoutant, juste avant le service, le groin saisi. À la table, arroser de vinaigrette tiède à la pancetta.

— DAN BARBER —
SALADE DE COCHON BRAISÉ

Pied, queue, oreille et groin de cochon braisés

30 ml (2 c. à soupe) d'huile de pépins de raisin
2 carottes, pelées ; l'une hachée, l'autre coupée en dés
2 oignons, pelés ; l'un haché, l'autre coupé en dés
1 branche de céleri, hachée
1 poireau, haché
4 gousses d'ail
235 ml (1 tasse) de vin rouge
1 pied de cochon
1 queue de cochon
Bouquet garni (1 feuille de laurier, 4 brins de thym, 5 ml [1 c. à thé] de grains de
    poivre noir et 2 baies de genièvre)
1 oreille de cochon
1 groin de cochon

Dans un faitout moyen, chauffer l'huile à feu moyen-doux. Ajouter la carotte, l'oignon, le céleri et le poireau haché, et deux gousses d'ail. Faire suer de 4 à 5 minutes. Ajouter le vin et réduire de moitié. Ajouter le pied et la queue de cochon, recouvrir d'eau froide et faire frémir, en prenant soin d'écumer. Laisser mijoter à couvert pendant environ 2½ heures. Après 1 heure, ajouter le bouquet garni. Vérifier d'abord la queue ; si elle est très tendre, l'enlever et continuer la cuisson du pied jusqu'à tendreté.

Tiédir la queue et le pied, et réserver. Filtrer le liquide et réduire de moitié, puis réserver.

Dans un faitout moyen, faire dorer légèrement l'oreille et le groin ; ajouter et dorer les dés d'oignon, de carotte et de 2 gousses d'ail. Ajouter le bouillon réservé et faire frémir. Couvrir et cuire l'oreille et le groin jusqu'à tendreté. Retirer du liquide et tiédir. Réserver le jus de cuisson pour la recette de salade.

Vinaigrette au citron

2,5 ml (½ c. à thé) de moutarde de Dijon
60 ml (¼ tasse) de jus de citron
60 ml (¼ tasse) d'huile au citron (voir la recette plus bas)
120 ml (½ tasse) d'huile d'olive
Sel et poivre au goût

Dans un bol moyen, mélanger la moutarde et le jus de citron. Incorporer lentement au fouet l'huile au citron et *l'huile d'olive. Rectifier l'assaisonnement.*

Huile au citron

945 ml (4 tasses) d'huile de canola
5 ml (1 c. à thé) de zeste de citron
¼ botte de thym citron
¼ de tige de citronnelle

Dans une casserole moyenne, mélanger tous les ingrédients et les cuire à feu très doux pendant 1 heure. *Ne pas laisser l'huile bouillir. Retirer l'huile du feu, tiédir et filtrer. Réfrigérer jusqu'au moment d'utiliser.*

LIDIA BASTIANICH
GRANITÉ DE PÊCHES
(GRANITA DI PESCA)

Pour 6 personnes

470 ml (2 tasses) d'eau
450 g (1 lb) de pêches mûres, non pelées
80 ml (⅓ tasse) de sucre
30 ml (2 c. à soupe) de jus de citron frais
1 goutte d'extrait de vanille
Feuilles de menthe pour la garniture

Dans une casserole moyenne, porter l'eau à ébullition. Ajouter les pêches et le sucre, puis laisser mijoter doucement à feu doux pendant 30 minutes. Laisser tiédir complètement les pêches dans le liquide, puis filtrer le contenu de la casserole dans un tamis fin, en raclant les solides pour extraire autant de pulpe que possible. Verser le jus passé dans un bol en inox ou en verre et incorporer le jus de citron et l'extrait de vanille. Congeler pendant 45 minutes à 1 heure, en raclant toutes les 10 minutes avec une spatule, vers le centre, les cristaux de glace qui se forment sur les bords. La texture devrait être uniformément granuleuse lorsque ce sera prêt.

Pour servir, déposer avec une cuillère le granité dans des verres de service refroidis au congélateur, puis garnir de feuilles de menthe.

Pour 4 personnes

90 ml (6 c. à soupe) d'huile d'olive extra vierge
1 oignon espagnol de grosseur moyenne, coupé en dés de 1 cm (½ po)
4 gousses d'ail, émincées
30 ml (2 c. à soupe) de chilis piquants frais, hachés
1 bulbe de fenouil, coupé en dés de 1 cm (½ po), les frondes étant réservées
1 boîte de 828 ml (28 oz) de tomates, broyées à la main, avec le jus
475 ml (2 tasses) de vin blanc sec
120 ml (½ tasse) d'eau de mer ou 120 ml (½ tasse) d'eau mélangée à 5 ml
    (1 c. à thé) de sel
16 crevettes géantes, décortiquées, avec la tête et la queue
Poivre noir fraîchement moulu

*Dans une marmite de 5,5 l, chauffer l'huile à feu moyen
jusqu'à ce qu'elle fume. Ajouter l'oignon, l'ail, les chilis et
les dés de fenouil, puis cuire environ 8 à 10 minutes, en
remuant de temps en temps, jusqu'à tendreté et coloration
dorée.*

*Ajouter les tomates, le vin et l'eau, puis porter à
ébullition. Baisser le feu et laisser mijoter pendant
10 minutes. Ajouter les crevettes et laisser mijoter environ
5 minutes ou jusqu'à ce qu'elles soient bien cuites. Poivrer
au goût avec le moulin.*

*Pour servir, verser dans une soupière et garnir avec les
frondes de fenouil.*

Pour 10 personnes

Dimanche est le jour des carnitas au Mexique. Si vous déambulez le dimanche dans les marchés ou dans certains quartiers du Mexique, surtout ceux se retrouvant dans le centre, le centre ouest et dans le Michoacán, vous trouverez des gens surveillant de grands chaudrons de cuivre forgés à la main, remplis de cuisses et d'épaules de porc bouillonnant dans leur propre graisse. De gros morceaux de cette viande rôtie se vendent au kilo pour faire des tacos avec des tortillas chaudes, du guacamole, de la salsa et, habituellement, une petite salade de cactus.

120 ml (½ tasse) de jus de lime frais
15 ml (1 c. à soupe) de sel
2,25 kg (5 lb) d'épaule de porc désossée
Environ 1,75 kg (4 lb) de saindoux au goût riche
Environ 4 douzaines de tortillas de maïs
Environ 225 g (½ lb) de chicharrón (grillades de lard de porc vendues dans les marchés mexicains), frais et croustillant
1 l (4 tasses) de salade de cactus (nopal)
720 ml (3 tasses) de guacamole
240 ml (1 tasse) de salsa piquante

Dans un grand bol, mélangez le jus de lime et le sel. Coupez le porc en blocs d'environ 8 cm (3 po) d'épaisseur ; vous devez essayer d'obtenir des morceaux de la même épaisseur pour une cuisson uniforme. Mettez la viande dans un bol et enrobez-la entièrement avec la marinade. Couvrez le bol et laissez reposer pendant 1 heure, en retournant la viande de temps en temps.

Dans une très grande marmite, faites fondre le saindoux à feu moyen. J'aime prendre une marmite de 11 l ou un faitout de 8,5 l. Peu importe le modèle que vous choisirez, il devra être assez profond pour laisser 10 cm (4 po) d'espace entre le niveau du saindoux et le sommet de l'ustensile — car vous souhaiterez éviter les éclaboussures de graisse ! Plongez délicatement la viande de porc dans le

─ R I C K   B A Y L E S S ─
CARNITAS TRADITIONNELLES
(CARNITAS DE FIESTA)

saindoux fondu, en raclant tous les jus retenus dans le fond du bol. Le saindoux devrait recouvrir entièrement le porc. Après quelques minutes, le lard devrait commencer à mijoter. Ajustez le feu pour produire de gros bouillons (rien de trop impétueux). Continuez la cuisson pendant environ 2 heures ou jusqu'à ce que la viande se perce facilement avec une fourchette, en la remuant de temps en temps avec des pinces à longs manches pour éviter qu'elle colle au fond.

Ensuite, réglez à feu moyen-vif. Continuez à remuer délicatement les blocs de porc pendant que la chaleur monte. Les bulles deviendront plus petites, et la graisse produira un bruit de friture. Continuez la cuisson pendant environ 30 minutes ou jusqu'à ce que chaque morceau de viande soit croustillant et doré. Puisque le porc semblera plus pâle une fois immergé, utilisez des pinces, une spatule ou une cuillère à égoutter pour sortir les morceaux de viande de la graisse et vérifier s'ils n'ont pas déjà la bonne couleur. Préchauffez le four à sa plus basse température. Égouttez les carnitas sur des essuie-tout, transvidez sur une plaque à pâtisserie et gardez au chaud dans un four à 90 °C (200 °F).

Finition et présentation :
Réchauffez les tortillas de maïs à la vapeur. Étalez uniformément les chicharrón sur une plaque à pâtisserie

et enfournez-les à 93 °C (200 °F). Faites cuire pendant environ 7 minutes pour réchauffer les chicharrón et les rendre croustillants.

Versez la salade de cactus, le guacamole et la salsa dans des bols de service, transvidez les carnitas dans un plat de service chaud, cassez les chicharrón en gros morceaux et empilez-les dans un grand panier, puis présentez les tortillas dans un panier couvert d'un linge.

Disposez les ingrédients comme pour un buffet et laissez les convives se servir. Vous souhaiterez peut-être vous placer près des carnitas, avec une planche à découper, pour aider les invités à couper les blocs de viande en morceaux parfaits pour préparer des tacos. Mais je pense qu'une partie du plaisir de ce repas à la bonne franquette consiste à prendre un morceau de viande dans mon assiette, à défaire cette dernière en lambeaux avec les mains, puis à l'envelopper dans des tortillas avec les condiments qui me tentent à ce moment-là.

Astuce :
Les carnitas se conserveront à couvert plusieurs jours au réfrigérateur. Elles peuvent également être congelées. Vous pouvez les réchauffer à découvert dans un four à 175 °C (350 °F).

❧

Donne environ 5 crêpes

450 g (1 lb) de pommes de terre Russet, pelées
1 pomme Granny Smith, pelée et étrognée
1 gros œuf
60 ml (¼ tasse) de farine
Sel et poivre noir
Huile de canola pour frire les crêpes
Crème fraîche (facultatif)
Caviar (facultatif)

Dans un robot, réduire les pommes de terre et la pomme en purée, en travaillant rapidement pour éviter l'oxydation. Mettre le mélange dans un tamis ou un chinois, et le presser avec une spatule pour éliminer l'excès de liquide. Verser le mélange dans un bol et incorporer l'œuf et la farine. Bien mélanger, puis saler et poivrer au goût.

Dans une grande poêle antiadhésive, chauffer autant d'huile que nécessaire pour recouvrir le fond de la poêle. Verser la pâte dans la poêle pour obtenir des crêpes de la grosseur désirée, en évitant de surcharger la poêle. Cuire jusqu'à ce que les crêpes soient croustillantes et dorées des deux côtés, environ 2 minutes par côté. Égoutter sur des essuie-tout.

Pour servir, garnir les crêpes de crème fraîche et de caviar.

Pour 4 personnes

Ce dessert a égayé mon enfance sous de nombreuses formes. Ici, j'ai utilisé des pommes, mais des prunes ou des cerises seraient tout aussi délicieuses — utilisez les meilleurs fruits de saison disponibles.

240 ml (1 tasse) de farine tout usage
165 ml (11 c. à soupe) de beurre non salé, en dés, à température ambiante
1 ml (¼ c. à thé) de sel de mer
1 gros œuf biologique
6 pommes Cox, Worcester ou Braeburn, pelées, étrognées et coupées en
   8 morceaux chacune
30 ml (2 c. à soupe) plus 10 ml (2 c. à thé) de sucre semoule ou super fin
15 ml (1 c. à soupe) de jus de citron
10 ml (2 c. à thé) de sucre glace

Pâte brisée :
Dans un grand bol, mélangez la farine, 120 ml (8 c. à soupe) de beurre et le sel, avec le bout de vos doigts, jusqu'à l'obtention d'une texture granuleuse. Faites un puits au centre du mélange et cassez-y l'œuf. Travaillez le mélange de farine et beurre avec l'œuf, puis pressez-le pour former une boule. Farinez légèrement le plan de travail et pétrissez la pâte avec la paume de vos mains jusqu'à consistance homogène, mais pas plus de 30 secondes. Évitez de trop pétrir la pâte, car cela risque de développer le gluten de la farine, et la pâte ne sera plus friable une fois cuite.

Tarte :
Préchauffez le four à 220 °C (425 °F). Abaissez la pâte à 2 mm (1/16 po) d'épaisseur. Couvrez le fond d'une assiette à tarte de 18 cm (7 po) avec la pâte. Mettez l'assiette sur une plaque chemisée de papier ciré et réfrigérer pendant 20 minutes. Disposez ensuite les morceaux de pomme, en rangs serrés, dans le fond de tarte. Faites fondre 45 ml (3 c. à soupe) de beurre, puis incorporez 30 ml (2 c. à soupe) de sucre semoule et le jus de citron. Badigeonnez les pommes du mélange. Parsemez généreusement les pommes avec les derniers 10 ml (2 c. à thé) de sucre semoule, et faites cuire la tarte pendant 10 minutes.

Réglez le four à 190 °C (375 °F), puis badigeonnez à nouveau les pommes avec le mélange de beurre fondu, sucre et jus de citron. Poursuivez la cuisson pendant 20 minutes ou jusqu'à ce que la pâte soit dorée comme le sable et que les pommes ramollissent et caramélisent. Retirez la tarte du four et laissez-la tiédir un peu. Saupoudrez de sucre glace et servez chaud.

Pour 4 personnes

4 grosses pommes de terre
60 ml (4 c. à soupe) de beurre
Sel
30 ml (2 c. à soupe) d'échalotes françaises hachées
50 ml (3½ c. à soupe) de porto tawny
200 ml (6¾ oz) de jus de truffe
400 ml (1⅔ tasses) de fond de viande concentré
30 ml (2 c. à soupe) de ciboule hachée
Poivre
4 truffes, pesant chacune 40 g (1½ oz)
45 ml (3 c. à soupe) de crème fraîche (double crème)

Pommes de terre :

Préchauffer le four à 150 °C (300 °F). Peler les pommes de terre, et à l'aide d'un petit couteau, les couper en cylindres d'environ 5 cm (2 po) de haut. Sculpter des formes de pétales sur le dessus de chaque cylindre, en faisant de petites encoches autour de la périphérie. À l'aide d'une cuillère parisienne, vider l'intérieur des cylindres, en laissant une épaisseur de 5 mm (¼ po) pour les parois, et la même chose pour la base.

Frotter les pommes de terre avec le beurre et saler généreusement. Rôtir les pommes de terre à 150 °C (300 °F) pendant environ 20 minutes ou jusqu'à ce qu'elles soient cuites et dorées.

Sauce :

Dans une petite casserole, faire fondre 30 ml (2 c. à soupe) de beurre à feu doux. Ajouter les échalotes et cuire jusqu'à ce qu'elles soient tendres et transparentes, puis ajouter le porto. Réduire jusqu'à ce qu'il reste environ 15 ml (1 c. à soupe) de liquide. Ajouter alors le jus de truffe et le fond de viande. Continuer la réduction jusqu'à la moitié du volume original. Filtrer la sauce, incorporer 15 ml (1 c. à soupe) de ciboule, puis saler et poivrer au goût.

Truffes farcies :

Nettoyer les truffes et couper une tranche au sommet de chacune ; les réserver pour faire un couvercle. Avec une petite cuillère à café, évider chaque truffe. Hacher très menu la chair de truffe et la mettre dans une très petite poêle à feu doux. Ajouter 15 ml (1 c. à soupe) de ciboule et la crème fraîche. Réduire pendant 2 minutes. Saler au goût.

Dans une petite sauteuse, chauffer 15 ml (1 c. à soupe) de beurre à feu doux. Faire revenir les truffes évidées pendant 2 minutes, en les retournant de temps en temps. Saler et poivrer au goût. Réserver les truffes et tout liquide contenu dans la sauteuse.

Finition et présentation :

Farcir chaque truffe avec le mélange de truffe finement hachée et les mettre dans les pommes de terre rôties. Réchauffer les pommes de terre farcies dans un four à 120 °C (250 °F) environ 5 à 7 minutes. Étaler une cuillérée de sauce au centre de chaque assiette et y dresser une pomme de terre farcie.

Pour 12 personnes

2 boîtes de 415 ml (14 oz) de lait concentré
360 ml (1½ tasse) de farine tout usage
120 ml (½ tasse) plus 45 ml (3 c. à soupe) de sucre glace, ou plus au goût
225 g (½ lb) de beurre non salé, très froid, coupé en morceaux de 6 mm (¼ po)
1 ml (¼ c. à thé) de sel
3 jaunes d'œuf, légèrement battus
8 à 10 bananes
475 ml (2 tasses) de crème fraîche (double crème)
Graines de 1 gousse de vanille
45 ml (3 c. à soupe) de chocolat mi-sucré râpé

Garniture :
Mettre les boîtes de lait concentré dans une marmite et les recouvrir d'eau. Porter l'eau à ébullition et laisser les boîtes bouillir continuellement pendant 4 heures. Vérifier de temps en temps le niveau de l'eau afin que les boîtes soient recouvertes d'eau pendant toute la cuisson. Retirer les boîtes de l'eau et les laisser rafraîchir toute la nuit.

Pâte à tarte :
Tamiser la farine dans un bol à mélanger, puis ajouter 120 ml (¼ tasse) de sucre, le beurre et le sel. Pétrir le mélange avec les mains jusqu'à l'obtention d'une texture de petites miettes de pain. Ajouter alors les jaunes d'œuf et continuer de pétrir la pâte jusqu'à ce que les œufs soient incorporés et la texture lisse. Façonner une boule avec la pâte, l'emballer dans une pellicule plastique et la réfrigérer pendant 1 heure.

Couper la pâte en 2 ou 3 gros morceaux. Râper la pâte avec les gros trous d'une râpe rectangulaire dans le fond d'une assiette à tarte de 28 cm (11 po), et la presser uniformément au fond, puis sur les bords. Le fond de tarte devrait avoir un peu moins de 6 mm (¼ po) au fond et

1 cm (½ po) sur les bords. Piquer le fond avec une fourchette, puis congeler la pâte pendant 15 minutes.

Montage de la tarte :
Enfourner le fond de tarte à 175 ℃ (350 ℉) pour 15 minutes ou jusqu'à ce qu'il soit bien doré. Laisser tiédir.

Ensuite, peler et trancher finement les bananes, en diagonale. Disposer la moitié des bananes en cercles concentriques au fond de la tarte, en partant du bord vers le centre. Verser délicatement à la cuillère le lait concentré caramélisé sur la tarte, et l'étaler uniformément pour couvrir les bananes. Continuer avec une autre couche de bananes. Couvrir la tarte d'une pellicule plastique et la réfrigérer pendant 15 minutes.

Pendant que la tarte refroidit, fouetter la crème, les graines de vanille et 45 ml (3 c. à soupe) de sucre glace ou plus, au goût, jusqu'à la formation de pics souples. Sortir la tarte du réfrigérateur et y étaler la crème fouettée, en recouvrant complètement la dernière couche de bananes. Parsemer de chocolat râpé et réfrigérer la tarte jusqu'au moment de servir.

— DANIEL BOULUD —
CAVIAR AVEC POMMES DE TERRE ET CRÈME FRAÎCHE

Pour 2 personnes

Je voudrais qu'Alain Ducasse crée le menu de mon dernier repas, et qu'il le prépare aussi. Avant un tel repas, on ne peut servir qu'un hors-d'œuvre simple et sublime, ne demandant qu'un minimum de préparation, mais fait avec les ingrédients les plus exquis. Je peux facilement manger 200 g de caviar à moi seul, mais je les partagerais volontiers avec un convive qui a en envie avant le dîner d'Alain.

Sel (pour la cuisson des pommes de terre)
12 petites pommes de terre German Butterball ou Yukon Gold, lavées
100 à 200 g (3½ à 7 oz) d'osciètre ou de sevruga (caviar)
120 ml (½ tasse) de crème fraîche biologique
1 citron, coupé en quartiers
15 ml (1 c. à soupe) de ciboulette finement hachée

Dans une casserole moyenne, portez à ébullition autant d'eau salée que nécessaire pour recouvrir les pommes de terre. Ajoutez les pommes de terre et faites-les cuire environ 8 à 10 minutes ou jusqu'à tendreté. Égouttez-les et coupez-les chacune en deux. Étendez un linge dans un panier ou un bol élégant, et déposez-y les pommes de terre en les couvrant pour les garder chaudes.

Mettez la boîte de caviar sur de la glace pilée et présentez la crème fraîche, le citron et la ciboulette à côté. Offrez des cuillères de nacre pour prendre le caviar. Laissez les invités vivre l'expérience sensuelle de dresser leur propre hors-d'œuvre de pommes de terre, caviar et crème fraîche.

OS À MOELLE RÔTIS ET SALADE DE PERSIL

Pour 3 personnes

12 morceaux de 7,5 cm (3 po) d'os à moelle de veau
1 botte de persil plat, les feuilles séparées des tiges
2 échalotes françaises, pelées et émincées
30 ml (2 c. à soupe) de câpres
30 ml (2 c. à soupe) d'huile d'olive extra vierge
Jus de 1 citron
Gros sel marin
Poivre noir fraîchement moulu
Pain grillé pour servir avec les os

Os à moelle :
Mettez les morceaux d'os à moelle dans une poêle à frire à l'épreuve du four ou un plat à rôtir, puis enfournez à 230 °C (450 °F). Le rôtissage devrait durer environ 20 minutes, selon l'épaisseur des os. Vous souhaitez que la moelle soit lâche et tendre, mais pas fondue, ce qui arrivera si la cuisson est trop longue. Traditionnellement, les extrémités des os sont couvertes pour prévenir les fuites, mais j'aime la coloration dorée et le croustillant aux bouts.

Salade de persil :
Pendant que les os rôtissent, hachez légèrement le persil — juste ce qu'il faut pour le discipliner — et mélangez-le avec les échalotes et les câpres. Juste avant le service, arrosez la salade avec l'huile d'olive et le jus de citron, puis salez et poivrez au goût.

Finition et présentation :
C'est un plat qui ne devrait pas être complètement assaisonné avant de sortir de la cuisine, ce qui amène le dîneur à rectifier l'assaisonnement à la dernière minute. Ma technique consiste à gratter la moelle sur le pain grillé et à la parsemer de gros sel marin. Je couronne d'une pincée de salade de persil et je mange immédiatement. Bien sûr, lorsqu'il reçoit sa pile d'os, de salade, de pain grillé et de sel, cela reste à la discrétion du dîneur.

Pour 4 personnes

450 g (1 lb) de thon de qualité sashimi, en un morceau
1 botte de basilic
Sel et poivre
30 ml (2 c. à soupe) d'huile d'olive extra vierge
10 ml (2 c. à thé) de sauce soja
10 ml (2 c. à thé) de graines de moutarde
Jus de 1 lime
Mesclun pour le service

Thon :
Couper le thon en quatre darnes d'égale grosseur. Séparer les feuilles de basilic des tiges, blanchir les feuilles dans l'eau bouillante, puis les plonger dans l'eau glacée. Égoutter les feuilles de basilic dans une passoire et réserver. Saler et poivrer les darnes de thon avant de les envelopper chacune délicatement dans les feuilles de basilic. Passer les morceaux de thon à la vapeur pendant 45 secondes. Le thon devrait être chaud, mais non cuit.

Vinaigrette :
Dans un bol à mélanger, fouetter l'huile d'olive, la sauce soja et les graines de moutarde, en ajoutant du jus de lime au goût.

Finition et présentation :
Badigeonner le thon avec la vinaigrette et servir sur un lit de mesclun.

— AMIT CHOWDHURY —
CRÈME BRÛLÉE AU MASALA CHAI

Pour 6 personnes

15 ml (1 c. à soupe) de feuilles de thé Assam Darjeeling
900 ml (4 tasses) de crème fraîche (double crème)
480 ml (2 tasses) de sucre granulé, plus pour la garniture
15 ml (1 c. à soupe) d'épices à thé masala
10 jaunes d'œuf
2 blancs d'œuf

Mettre les feuilles de thé au centre d'un carré d'étamine
puis attacher celle-ci avec une ficelle pour faire une poche.
Dans une casserole moyenne, mettre la poche dans la
crème fraîche. Chauffer la crème jusqu'à ce que de petites
bulles apparaissent sur les bords de la casserole, puis
incorporer 480 ml (2 tasses) de sucre et les épices à thé
masala. Remuer jusqu'à ce que le sucre soit complètement
dissous. Retirer la casserole du feu et incorporer
lentement les jaunes d'œuf au fouet. Filtrer le mélange
dans un tamis fin. Dans un bol à mélanger, fouetter les
blancs d'œuf jusqu'à la formation de pics souples. Plier les
blancs d'œuf montés dans le mélange passé.

Mettre six ramequins de 175 ml (6 oz) dans un plat ou
une casserole à l'épreuve du four d'au moins 2,5 cm (1 po)
de profondeur. Remplir les ramequins avec le mélange à
la crème. Verser de l'eau bouillante dans le plat de cuisson
pour atteindre la moitié de la hauteur des ramequins et
enfourner à 150 °C (300 °F) pour 30 à 35 minutes, jusqu'à
ce que le flan prenne. Laisser tiédir les crèmes brûlées,
puis parsemer uniformément de sucre le dessus de
chacune. Chauffer le sucre avec un chalumeau jusqu'à ce
qu'il caramélise.

F O I E   G R A S   P O Ê L É   E T   R I S O T T O   A U X   P O M M E S   V E R T E S

Pour 4 personnes

575 ml (5 c. à soupe) d'huile d'olive extra vierge
3 petites échalotes françaises, finement hachées
Pincée de piment rouge broyé
480 ml (2 tasses) de riz vialone nano ou arborio
120 ml (½ tasse) de vin blanc sec, comme un sauvignon blanc
945 ml (4 tasses) de bouillon de poulet faible en sodium, frémissant
240 ml (1 tasse) de pomme Granny Smith pelée et coupée en dés
4 tranches de foie gras, de 2 cm (¾ po) d'épaisseur chacune
Sel casher et poivre noir fraîchement moulu
8 brins de thym frais
15 ml (1 c. à soupe) de beurre non salé
30 ml (2 c. à soupe) de parmigiano-reggiano râpé
80 ml (⅓ tasse) de réduction de vinaigre, faite avec du vinaigre balsamique
   (voir la recette suivante)

Dans une grande casserole à fond épais, chauffer 45 ml (3 c. à soupe) d'huile d'olive à feu moyen-vif jusqu'à ce qu'elle soit très chaude. Ajouter la moitié de l'échalote hachée et la pincée de piment rouge broyé. Colorer à peine l'échalote, en remuant continuellement, pendant environ 2 minutes. Retirer la casserole du feu si l'échalote commence à roussir. Ajouter le riz et cuire à feu moyen-vif, en remuant avec de grands coups, jusqu'à ce que chaque grain soit enrobé d'huile, soit environ 1 à 2 minutes de plus. Verser 60 ml (¼ tasse) de vin et faire bouillir jusqu'à ce que le vin soit presque tout absorbé (mais ne laissez pas la casserole s'assécher complètement).

Ajouter quelques louches du bouillon de poulet chaud dans le riz et bien remuer environ toutes les minutes, jusqu'à ce que le liquide soit presque tout absorbé. À feu moyen-vif, le risotto bouillonne continuellement, ce qui est l'effet recherché. Pour déterminer s'il est temps d'ajouter de nouveau du liquide, il faut passer la cuillère jusqu'au fond du riz : si le liquide ne remplit pas immédiatement l'espace vide, il est temps d'en ajouter. Après 15 minutes de cuisson, ajouter les dés de pommes dans la casserole. Ajouter une autre louche de liquide, les derniers 60 ml (¼ tasse) de vin et 15 ml (1 c. à soupe) d'huile d'olive. Poursuivre la cuisson 20 à 25 minutes, en ajoutant du bouillon au besoin et en remuant, jusqu'à ce que le risotto semble crémeux mais soit toujours al dente.

Pendant ce temps, préchauffer le four à 120 °C (250 °F). Chauffer une grande sauteuse à l'épreuve du four à feu vif. Saler et poivrer généreusement le foie gras des deux côtés. Lorsque la poêle est brûlante, ajouter les tranches de foie gras et les saisir sur un côté. Cela ne prendra qu'une minute ou deux et beaucoup de graisse sera rendue. Ajouter le reste de l'échalote et les brins de thym dès qu'il y aura un peu de cette graisse. Retourner le foie gras et terminer la cuisson au four pendant quelques minutes, tout en terminant le risotto.

Retirer le riz du feu et laisser reposer 30 secondes. Arroser avec 15 ml (1 c. à soupe) d'huile d'olive, incorporer le beurre et le fromage en remuant avec une cuillère de bois jusqu'à consistance homogène et cohésive. Saler au goût, si nécessaire.

Finition et présentation :
Diviser le risotto entre quatre assiettes avec rebord ou de grands bols peu profonds, chauds. Mettre un cordon de réduction de vinaigre autour du risotto. Disposer une tranche de foie gras sur chaque assiette. Verser quelques gouttes de graisse provenant de la poêle sur le foie gras et orner d'un brin de thym croustillant. Servir immédiatement.

Réduction de vinaigre

Donne 160 ml (⅔ tasse)

Cette sauce simple possède une saveur riche avec un soupçon d'herbes. Vous pouvez la faire d'avance et l'utiliser pour terminer la cuisson d'une simple pièce de bœuf, d'agneau ou de poulet. Je l'apprécie particulièrement avec de l'agneau en croûte d'épices.

5 ml (1 c. à thé) d'huile d'olive
1 échalote française, émincée
1 brin de thym
Pincée de piment rouge broyé
45 ml (3 c. à soupe) de vinaigre balsamique ou de vinaigre de vin rouge
60 ml (¼ tasse) de bouillon de poulet faible en sodium
235 ml (1 tasse) de réduction de poulet dilué avec de l'eau jusqu'à consistance
    légèrement plus épaisse qu'un bouillon de poulet

Dans une petite casserole, chauffer l'huile d'olive à feu moyen. Ajouter l'échalote, le thym et le piment rouge. Colorer l'échalote en remuant de temps en temps. Ajouter le vinaigre, régler à feu moyen-vif, et réduire le liquide de moitié. Ajouter le bouillon de poulet et la réduction de poulet, et cuire environ 15 minutes ou jusqu'à ce que le liquide ait réduit et épaissi un peu.

Donne environ 25 blinis

Il s'agit d'une recette simple jouant sur la saveur des ingrédients. La cuisson des blinis est ce qui permet d'obtenir leur goût extraordinairement délicieux. Ils doivent avoir des bords croustillants, et être servis très chauds. S'il vous reste de la pâte, les blinis seront également excellents préparés au format des crêpes américaines, et présentés avec du sirop d'érable.

BOL 1
240 ml (1 tasse) de farine tout usage
15 ml (1 c. à soupe) de sucre
15 ml (1 c. à soupe) ou 1 sachet de levure
235 ml (1 tasse) de lait

BOL 2
240 ml (1 tasse) de farine de sarrasin
10 ml (2 c. à thé) de sel casher
175 ml (¾ tasse) de lait
2 jaunes d'œuf
2 blancs d'œuf
60 ml (4 c. à soupe) de crème fraîche (double crème)
Beurre clarifié ou huile végétale pour la cuisson

Préparation de la pâte :
Mélanger les ingrédients secs dans leur bol spécifique, tel que précisé. Réchauffer le lait à la température du corps, environ 35 ℃ (94 ℉). Dans le bol 1, incorporer aux ingrédients secs 235 ml (1 tasse) de lait chaud au fouet et réserver.

Battre légèrement les jaunes d'œuf avec 175 ml (¾ tasse) de lait tiède, puis les incorporer au mélange de farine du bol 2. Couvrir les deux bols avec une pellicule plastique et les laisser reposer à température ambiante pendant 1 heure. Après 1 heure, la pâte du bol 1 devrait être pétillante et active. Mélanger les deux pâtes dans un seul bol avec une spatule. Fouetter les blancs d'œuf jusqu'à la formation de pics souples et les plier dans la pâte. Ensuite, battre la crème fraîche jusqu'à la formation de pics souples et la plier délicatement dans le mélange. Couvrir

le bol avec une pellicule plastique et laisser la pâte lever pendant 1 heure, à température ambiante.

Cuisson des blinis :
Dans une poêle antiadhésive, verser suffisamment d'huile pour former une mince couche au fond de la poêle, et chauffer à feu moyen. Verser 15 ml (1 c. à soupe) d'appareil à blinis dans l'huile très chaude — il devrait commencer à cuire immédiatement — et cuire jusqu'à coloration des bords. Retourner et cuire pour dorer le dessous. Égoutter le blini sur un essuie-tout

Finition et présentation :
Servir le blini chaud immédiatement avec une noix de crème fraîche, une cuillérée de caviar, ou du saumon ou de l'esturgeon fumé, finement tranchés.

Pour 8 personnes

3 kg (6½ lb) de pommes de terre Russet
5 l (1⅓ gal) d'huile de tournesol
Sel de mer au goût

Laver et peler les pommes de terre, puis les couper en gros morceaux, d'environ 1 cm (½ po) d'épaisseur. Par poignées, assécher les pommes de terre tranchées dans des essuie-tout.

Dans une grande marmite, chauffer l'huile de tournesol à feu moyen, jusqu'à ce que la température indique 170 °C (340 °F). Cuire quelques morceaux de pommes de terre à la fois dans l'huile chaude pendant 7 minutes. Retirer immédiatement et égoutter sur des essuie-tout. À ce stade, les pommes de terre devraient être pâles et partiellement cuites.

Juste avant de les servir, mettre les frites dans la même marmite d'huile à 170 °C (340 °F) pendant 6 minutes. Après ce temps, elles devraient être dorées et croustillantes. Saupoudrer de sel de mer au goût et servir immédiatement.

— VIMAL DHAR —
AUBERGINE PIQUANTE
(CHOWK WANGUN)

Pour 4 personnes

1 grosse aubergine
60 ml (¼ tasse) plus 45 ml (3 c. à soupe) d'huile végétale
2 clous de girofle
1 ml (¼ c. à thé) de férule persique (ase fétide)
60 ml (4 c. à soupe) de fenouil moulu rôti
5 ml (1 c. à thé) de gingembre moulu
30 ml (2 c. à soupe) de mangue séchée moulue
25 ml (1½ c. à soupe) de piment rouge moulu
10 ml (2 c. à thé) de curcuma moulu
5 ml (1 c. à thé) d'eau
360 ml (1½ tasse) de tomates en dés menus
Sel et poivre, au goût

Rincer l'aubergine et la couper en quatre morceaux dans le sens de la longueur. Dans une grande sauteuse, chauffer 45 ml (3 c. à soupe) d'huile végétale à feu moyen. Attendrir les tranches d'aubergines, en les tournant une fois pendant la cuisson, environ 3 minutes de chaque côté. Réserver l'aubergine poêlée.

Dans une autre sauteuse, chauffer 60 ml (¼ tasse) d'huile végétale à feu doux. Ajouter les clous, la férule persique, le fenouil, le gingembre, la mangue, le piment rouge, le curcuma et l'eau. Cuire pendant 1 minute en remuant constamment pour éviter de brûler les épices. Ajouter les tomates et poursuivre la cuisson pendant 7 à 8 minutes ou jusqu'à tendreté des tomates. Ajouter alors les tranches d'aubergine, en les mêlant aux tomates et aux épices, et cuire jusqu'à ce que l'aubergine soit chaude à cœur. Retirer du feu, puis saler et poivrer au goût.

Pour 10 personnes

910 g (2 lb) de pommes Golden Delicious
55 ml (3½ c. à soupe) de sucre
7 ml (1½ c. à thé) de sucre parfumé à la vanille
30 ml (2 c. à soupe) de beurre
125 ml (8 1/2 c. à soupe) de calvados

Laver, peler et étrogner les pommes, puis les trancher en quartiers. Dans un grand bol à mélanger, déposer les quartiers de pomme et les couvrir avec le sucre et le sucre parfumé à la vanille.

Dans une grande sauteuse, faire chauffer le beurre à feu doux jusqu'à ce qu'il commence à colorer. Ajouter les quartiers de pomme sucrés et les enrober de beurre en évitant de caraméliser le sucre. Ajouter le calvados et faire flamber. Lorsque les flammes sont éteintes, retirer les quartiers de pomme et les laisser reposer sur une grille au-dessus d'une plaque à pâtisserie. Lorsque les pommes sont tièdes, les mettre sur la plaque et enfourner à 120 °C (250 °F). Cuire jusqu'à ce que les pommes soient tendres et légèrement suintantes (environ 20 minutes). Servir chaud.

Pour 4 personnes

De manière générale, lorsqu'il est question de hamburger, je suis plutôt traditionaliste. Je ne suis pas emballé par toutes ces garnitures qui envahissent aujourd'hui les hamburgers. Je préfère omettre la laitue, les tomates et même le pain. Dans mon esprit, un hamburger saignant, dégoulinant de fromage américain, est un repas parfait. Cependant, de temps en temps, j'ajoute à mes hamburgers une garniture très substantielle et très délicieuse : un œuf sur le plat. Lorsque le jaune coulant et chaud se mêle au jus du bœuf et au fromage fondu, tout semble bien aller dans le monde. Le petit-déjeuner, le déjeuner et le dîner se présentent pêle-mêle dans ce combiné délicieux.

680 g (1½ lb) de bœuf haché, fait à 80 % d'épaule ou de ronde, et à 20 % d'aloyau
4 œufs, frits au plat
4 tranches de fromage américain (fromage fondu)
Sel et poivre, au goût

Les coupes de bœuf savoureuses sont le point de départ de ce fabuleux hamburger. L'épaule et la ronde hachées sont d'excellents choix de coupes succulentes. Je pense qu'un peu d'aloyau, si les finances le permettent, est un ajout intéressant. Je recommande un mélange contenant 80 % d'épaule ou de ronde, et 20 % d'aloyau, pour un goût équilibré. L'autre facteur essentiel est la teneur en gras. Demandez à votre boucher du bœuf haché contenant entre 15 et 20 % de gras pour une saveur maximale. Une livre et demie (680 g) de bœuf haché, généreusement salé et poivré, nourrira quatre personnes.

En façonnant les galettes de viande, n'oubliez pas que moins vous les maniez, meilleurs seront les hamburgers. C'est comme si vous faisiez une pâte à tarte. Grillez ou poêlez à votre goût et garnissez de fromage américain et d'un œuf frit (le pain est facultatif, mais les serviettes de table sont obligatoires).

❦

4 personnes

1 poulet de 1,3 à 1,8 kg (3 à 4 lb), coupé en 10 morceaux
Sel casher
720 ml (3 tasses) de farine tout usage
30 ml (2 c. à soupe) de poudre d'ail
30 ml (2 c. à soupe) de poudre d'oignon
30 ml (2 c. à soupe) de paprika doux
10 ml (2 c. à thé) de poivre de Cayenne
Poivre noir fraîchement moulu
475 ml (2 tasses) de babeurre
30 ml (2 c. à soupe) de sauce au piment fort, comme sriracha
Huile d'arachide pour la friture
¼ botte de thym frais
3 gros brins de romarin frais
¼ botte de sauge fraîche
2 feuilles de laurier frais
½ tête d'ail, écrasée, avec les pelures
Quartiers de citron, pour le service

Dans un grand bol, mettre le poulet et le recouvrir d'eau. Ajouter 15 ml (1 c. à soupe) de sel pour chaque litre d'eau. Couvrir et réfrigérer au moins 2 heures ou toute la nuit.

Dans un grand plat peu profond, bien mélanger la farine, la poudre d'ail, la poudre d'oignon, le paprika et le poivre de Cayenne. Saler et poivrer généreusement. Dans un autre plat, mélanger le babeurre et la sauce au piment fort ; saler et poivrer.

Égoutter le poulet et l'assécher avec des essuie-tout. Fariner le poulet, quelques morceaux à la fois, dans le mélange de farine, puis le plonger dans le babeurre. Fariner à nouveau dans la farine épicée. Réserver et laisser reposer pendant la préparation de l'huile.

Dans une grande marmite profonde, verser 8 cm (3 po) d'huile, en ne dépassant pas la moitié de la hauteur de la marmite. Ajouter le thym, le romarin, la sauge, les feuilles de laurier et l'ail dans l'huile froide et chauffer à feu moyen-vif jusqu'à ce qu'un thermomètre à friture indique 175 °C (350 °F). Les fines herbes et l'ail parfumeront l'huile pendant qu'elle se réchauffe.

Ajouter délicatement les morceaux de poulet, 3 ou 4 à la fois, dans la marmite. Faire frire, en retournant une fois, jusqu'à ce que le poulet soit doré et complètement cuit, soit environ 20 minutes. Lorsque le poulet est prêt, le retirer de la marmite avec une grande écumoire, en le secouant pour éliminer autant d'huile que possible. Puis, le déposer sur des essuie-tout ou un sac en papier brun pour absorber l'huile. Saupoudrer toute la surface de sel et d'une nuée de poivre noir moulu. Étendre les herbes et l'ail frits sur le dessus. Servir chaud, avec de gros quartiers de citron.

— SUZANNE GOIN —
RAPINI À L'AIL, À L'ÉCHALOTE ET AU CHILI

✦

Pour 4 personnes

40 ml (2½ c. à soupe) plus 10 ml (2 c. à thé) de sel
680 g (1½ lb) de jeune rapini
120 ml (½ tasse) d'huile d'olive extra vierge
3 gousses d'ail, émincées
2 échalotes françaises, émincées
5 ml (1 c. à thé) de feuilles de thym frais
1 chili del arbol, émincé en diagonale

Porter à forte ébullition 3,75 l (1 gal) d'eau avec 40 ml (2½ c. à soupe) de sel. Blanchir le rapini pendant 1 à 2 minutes, tout juste à consistance al dente, puis tiédir dans un plat ou une plaque à cuisson.

Dans une grande poêle à frire à fond épais, chauffer 60 ml (¼ tasse) d'huile d'olive à feu vif. Ajouter l'ail, les échalotes, le thym et le chili. Cuire pendant quelques minutes, jusqu'à ce que les échalotes soient transparentes et commencent à caraméliser.

Ajouter le rapini et 5 ml (1 c. à thé) de sel. Bien remuer pour éviter que les échalotes ne roussissent. Ajouter les derniers 60 ml (¼ tasse) d'huile d'olive et faire revenir pendant 2 minutes, en remuant souvent. Saupoudrer le rapini avec 5 ml (1 c. à thé) de sel.

დღ

Pour 2 personnes

4 gros œufs
30 ml (2 c. à soupe) de crème fraîche (double crème)
15 ml (1 c. à soupe) de beurre salé
Gros sel casher
Poivre noir fraîchement moulu
5 ml (1 c. à thé) de persil plat fraîchement haché

Dans un bol peu profond, cassez les œufs et battez-les bien avec une fourchette. Incorporez la crème en continuant de battre. Dans une petite poêle antiadhésive, faites chauffer le beurre à feu doux jusqu'à consistance écumeuse. Versez le mélange d'œufs. Avec une spatule, remuez rigoureusement et continuellement les œufs jusqu'à ce qu'ils prennent et soient légèrement brouillés, avec de très petits grumeaux. Ils devraient sembler crémeux, pâles et mœlleux. Cela pourrait prendre plus de temps que vous pensez, puisque le fait de remuer continuellement ralentit la cuisson.

Versez les œufs dans une assiette chaude, salez et poivrez, puis parsemez généreusement de persil fraîchement haché.

Pour 8 personnes

12 biscuits amaretti
30 ml (1 oz) de brandy
30 ml (1 oz) de whisky
10 gros jaunes d'œuf
240 ml (1 tasse) de sucre semoule ou super fin
235 ml (1 tasse) de vin de dessert doux, comme un marsala ou un muscat

Émiettez les biscuits amaretti avec un rouleau à pâte, puis mettez les miettes dans un bol. Ajoutez le brandy et le whisky, puis mélangez bien. Tapissez le fond de huit verres à martini ou d'autres verres à service avec les miettes de biscuits et réservez.

Remplissez une grande casserole à moitié d'eau, puis portez à ébullition. Dans un grand bol pouvant tenir sans problèmes sur la casserole, fouettez les jaunes d'œuf et le sucre. Incorporez le vin de dessert au mélange sucré. Mettez le bol sur la casserole d'eau bouillante, en vous assurant que l'eau ne touche pas le fond du bol. Fouettez continuellement le mélange d'œufs pendant environ 10 à 15 minutes, jusqu'à consistance plutôt épaisse et mousseuse. Lorsque vous pourrez tracer une ligne sur le mélange avec le fouet sans qu'elle disparaisse, ce sera prêt. Versez le zabaglione dans les verres préparés.

Ce zabaglione peut être servi chaud, ou on peut le laisser prendre au réfrigérateur toute la nuit.

— FERGUS HENDERSON —
OURSINS VERTS

Oursins verts vivants, au moins un par convive

En utilisant un linge épais ou un gant pour protéger vos
mains des piquants, tournez l'oursin sur le dos et enfoncez
la pointe de ciseaux bien aiguisés ou de ciseaux de cuisine
dans la bouche tendre. Coupez autour de la bouche avec
les ciseaux pour créer un trou assez grand pour introduire
une cuillère à café. Enlevez et jetez la bouche et les
fragments de carapace. Servez immédiatement les oursins,
en laissant chacun prélever le délicieux corail orange des
carapaces couvertes de piquants.

— PAUL KAHAN —
MA RECETTE DE PÂTES FRAÎCHES BEURRÉES
AUX TRUFFES NOIRES DU PÉRIGORD

Pour 4 à 6 personnes

480 ml (2 tasses) de farine tout usage
3 jaunes d'œuf
5 ml (1 c. à thé) de sel
60 ml (¼ tasse) d'eau
15 ml (1 c. à soupe) de beurre
4 à 5 feuilles d'estragon
Sel et poivre, au goût
4 truffes noires du Périgord

Dans un grand bol à mélanger, creusez un puits au centre de la farine. Mettez les jaunes d'œuf et le sel dans le puits. Mélangez avec vos mains, en ajoutant l'eau 30 ml (2 c. à soupe) à la fois, jusqu'à ce que la pâte soit ferme et facile à rouler. Divisez la pâte en 4 boules et passez 1 boule à la fois dans une machine à pâtes jusqu'à obtenir l'épaisseur de linguini. Coupez les feuilles en pâtes de 4 cm (1½ po) de large. Ensuite, déposez les pâtes coupées sur une planche à découper légèrement farinée et laissez sécher pendant environ 1 heure. Portez à ébullition une grande marmite d'eau salée, puis ajoutez les pâtes séchées et faites-les cuire jusqu'à consistance al dente. Égouttez les nouilles en réservant environ 60 ml (¼ tasse) d'eau de cuisson.

Dans une sauteuse, faites fondre le beurre à feu moyen. Ajoutez les pâtes, l'eau de cuisson réservée et les feuilles d'estragon. Remuez pour enrober les pâtes de beurre et d'eau de cuisson. Salez et poivrez, puis retirez la poêle du feu. Râpez généreusement les truffes sur les pâtes. Servez immédiatement.

Pour 2 personnes

1 poulet fermier de 1,3 kg (2 à 3 lb)
Sel casher et poivre noir fraîchement moulu
10 ml (2 c. à thé) de thym haché (facultatif)
Beurre non salé, au goût
Moutarde de Dijon, au goût

Préchauffez le four à 230 °C (450 °F). Rincez le poulet, puis asséchez-le bien avec des essuie-tout, à l'intérieur et à l'extérieur. Salez et poivrez la cavité, puis troussez la volaille.

Trousser n'est pas une technique difficile, et il est important de la développer si vous faites souvent rôtir du poulet. Lorsque vous troussez une volaille, les ailes et les cuisses sont attachées serrées sur le corps, et les pilons couvrent le dessus de la poitrine, ce qui empêche cette dernière de sécher. Trousser un poulet favorise une cuisson uniforme, et cela donne une plus belle volaille rôtie.

Ensuite, saupoudrez le poulet avec environ 15 ml (1 c. à soupe) de sel. J'aime laisser tomber le sel en pluie fine sur la volaille, afin d'avoir une couche uniforme qui donnera une peau croustillante, salée et savoureuse. Après la cuisson, on devrait pouvoir distinguer le sel saisi sur la peau croustillante. Poivrez au goût.

Mettez le poulet dans une sauteuse ou un plat à rôtir, et enfournez-le lorsque le four aura atteint la bonne température. Je le laisse cuire ainsi, sans l'arroser, sans ajouter de beurre. Vous pouvez le faire si vous le souhaitez, mais j'estime que cela crée de la vapeur, ce que je cherche à éviter. Faites rôtir pendant environ 45 à 50 minutes, jusqu'à ce que le jus sorte clair. Retirez du four et ajoutez le thym, si désiré, dans le plat. Arrosez le poulet avec le jus et le thym et laissez reposer sur une planche à découper pendant 15 minutes.

Enlevez la ficelle. Détachez l'articulation centrale de l'aile et mangez-la immédiatement. Enlevez les cuisses et les pilons. J'aime enlever la colonne dorsale et manger l'un des sot-l'y-laisse, les deux morceaux de chair délicieux qui sont situés de chaque côté, et je donne l'autre à la personne avec qui je cuisine. Mais je garde le croupion pour moi-même. Je n'ai jamais compris pourquoi mes frères se battaient pour ce bout triangulaire, jusqu'à ce qu'un jour j'obtienne ce morceau de gras juteux et croustillant. Coupez la poitrine en plein centre et servez sur les os, avec une articulation toujours attachée à chaque moitié. La présentation ne prétend pas être très élégante. Étalez du beurre frais sur la viande. Servez de la moutarde de Dijon à côté et, si désiré, une simple salade verte. Vous commencerez à manger avec une fourchette et un couteau, mais finirez avec les doigts, parce que c'est bien meilleur.

—Anita Lo—
Palourdes frites de Moriches Bay
avec sauce tartare

Pour 4 personnes

4 grosses palourdes de Moriches Bay, pêchées 24 heures à l'avance
80 ml (⅓ tasse) plus 5 ml (1 c. à thé) de sel casher, plus au goût
80 ml (⅓ tasse) de semoule de maïs
2 jaunes d'œufs fermiers biologiques de East Moriches, à température ambiante
5 ml (1 c. à thé) de moutarde de Dijon
320 ml (1⅓ tasse) d'huile de soja, plus pour la grande friture
35 ml (7 c. à thé) d'huile d'olive
Jus de citron, au goût
15 ml (1 c. à soupe) de cornichons marinés hachés
30 ml (2 c. à soupe) de câpres, égouttées
15 ml (1 c. à soupe) d'échalote fraîche finement hachée
15 ml (1 c. à soupe) de ciboulette du jardin finement hachée
240 ml (1 tasse) de farine tout usage
2,5 ml (½ c. à thé) de poivre noir Tellicherry fraîchement moulu, plus au goût

Préparation des palourdes :
Mettre les palourdes dans un grand bol rempli d'eau. Ajouter 80 ml (⅓ tasse) de sel et la semoule de maïs. Réfrigérer au moins 3 heures ou toute la nuit. Ensuite, blanchir très rapidement les palourdes dans l'eau bouillante, pas plus de 30 secondes, et les plonger immédiatement dans un bain d'eau glacée pour les refroidir. Écaler les palourdes et retirer la membrane externe, puis rincer pour débarrasser des débris.

Sauce tartare :
Dans un grand bol, préparer une mayonnaise maison en y mettant les jaunes d'œuf et en incorporant la moutarde. Mélanger 320 ml (1⅓ tasse) d'huile de soja avec l'huile d'olive et l'incorporer lentement au jaune, en fouettant constamment pour émulsifier. Relever au goût avec le jus de citron, le sel et le poivre, puis incorporer les cornichons, les câpres, l'échalote et la ciboulette. Rectifier l'assaisonnement. (Sinon, vous pouvez remplacer la mayonnaise maison par de la Hellmann's, relevée au goût avec du jus de citron, puis ajouter les cornichons, les câpres, l'échalote et la ciboulette.)

Friture de palourdes :
Mélanger la farine, 5 ml (1 c. à thé) de sel et 2,5 ml (½ c. à thé) de poivre. Chauffer une marmite d'huile de soja pour grande friture à 190 °C (375 °F). Rouler les palourdes écalées et rincées dans la farine assaisonnée et faire frire jusqu'à coloration dorée. Égoutter sur des essuie-tout.

Finition et présentation :
Servir les palourdes en 4 portions dégustation avec une cuillerée de sauce tartare.

— GIORGIO LOCATELLI —
MAQUEREAU EN CROÛTE D'HERBES
AVEC BROCOLI À L'AIL ET AU CHILI

Pour 4 personnes

30 ml (2 c. à soupe) de feuilles de persil frais grossièrement hachées
30 ml (2 c. à soupe) de feuilles de romarin frais grossièrement hachées, plus 4 brins
30 ml (2 c. à soupe) de feuilles de basilic frais grossièrement hachées
30 ml (2 c. à soupe) de feuilles de sauge fraîche grossièrement hachées
105 ml (7 c. à soupe) de chapelure
105 ml (7 c. à soupe) d'huile d'olive
4 maquereaux de grosseur moyenne, vidés
4 gousses d'ail, broyées, plus 2 gousses d'ail, émincées
Sel et poivre, au goût
2 têtes de brocoli, séparées en fleurettes
1 chili rouge, épépiné et tranché

Croûte d'herbes :
Dans un robot, verser le persil, le romarin, le basilic et la sauge hachés, avec la chapelure et 15 ml (1 c. à soupe) d'huile d'olive. Réduire les ingrédients à basse vitesse. Incorporer lentement 45 ml (3 c. à soupe) d'huile d'olive et mélanger 30 secondes de plus. Verser dans un grand plateau ou plat.

Maquereaux :
Chauffer un gril à feu vif. Saler et poivrer légèrement l'intérieur du poisson et farcir chacun avec 1 brin de romarin et 1 gousse d'ail broyée. Saler et poivrer l'extérieur du poisson. Badigeonner 30 ml (2 c. à soupe) d'huile sur le poisson, puis le rouler dans le mélange de

croûte d'herbes, en s'assurant que la chapelure tienne bien. Mettre les maquereaux sur le gril chaud et cuire environ 4 à 5 minutes de chaque côté, selon leur grosseur, afin que les marques du gril soient apparentes sans que le poisson brûle (réduire le feu si nécessaire).

Brocoli :
Pendant que le poisson cuit, blanchir le brocoli dans l'eau bouillante salée pendant environ 1 minute, juste pour l'attendrir. Chauffer une sauteuse à feu doux, ajouter les derniers 15 ml (1 c. à soupe) d'huile d'olive, puis l'ail émincé et le chili. Cuire en évitant de colorer. Ajouter le brocoli et faire revenir sans colorer, juste pour attendrir. Saler et poivrer, puis servir avec le maquereau.

— CHUI LEE LUK —
CREVETTES ET NOUILLES AU RIZ
(NYONYA)

Pour 4 personnes

10 échalotes françaises
5 chilis rouges
1 tête d'ail, les gousses pelées
15 ml (1 c. à soupe) de pâte de crevettes (blachan), rôtie au four jusqu'à
    consistance sèche et friable
475 ml (2 tasses) de crème de coco fraîche
235 ml (1 tasse) de lait de coco
45 ml (3 c. à soupe) de haricots jaunes, en purée (taucheong)
120 ml (½ tasse) de pâte de tamarin
200 g (7 oz) de nouilles au riz sèches (meehoon)
1 botte de ciboulette chinoise, grossièrement hachée
250 g (8¾ oz) de germes de haricot, rincés, les racines enlevées
1 piment rouge, la pulpe finement râpée
12 crevettes vertes, décortiquées et déveinées

Sauce aux crevettes et aux haricots jaunes :
*Dans un robot, réduire les échalotes, les chilis rouges, l'ail
et la pâte de crevettes en purée lisse, et réserver. Dans une
grande poêle, faire frémir la crème de coco à feu moyen
jusqu'à ce qu'elle commence à se séparer. Ajouter la purée
épicée et laisser mijoter 30 minutes. Incorporer le lait de
coco et la purée de haricots jaunes et laisser mijoter
2 minutes de plus. Ajouter le tamarin. La sauce devrait
être très piquante, un peu aigre, sucrée et salée.*

Nouilles au riz :
*Dans l'eau bouillante, blanchir les nouilles au riz jusqu'à
ce qu'elles soient tout juste tendres. Égoutter et réserver.
Porter la sauce aux crevettes et aux haricots jaunes à
faible ébullition et y blanchir séparément la ciboulette
chinoise, les germes de haricot et le piment rouge,
seulement pour les attendrir un peu. Mélanger les
légumes et les nouilles au riz pour obtenir une salade
colorée.*

Crevettes :
*Porter la sauce aux crevettes et aux haricots jaunes à
ébullition et y pocher les crevettes jusqu'à ce qu'elles soient
roses et cuites.*

Finition et présentation :
*Verser la sauce sur les crevettes et servir avec la salade de
nouilles.*

Pour 6 personnes

100 ml (3½ oz) de vinaigre rouge
15 ml (1 c. à soupe) plus 5 ml (1 c. à thé) de sel
7 ml (½ c. à soupe) de mirin
60 ml (4 c. à soupe) plus 15 ml (1 c. à soupe) de sucre granulé
Feuille de kombu (algue japonaise) de 4 cm (1½ po) carrés
780 ml (3¼ tasses) de riz à sushi (grains courts)
930 ml (4 tasses) d'eau froide, plus autant que nécessaire pour rincer
15 ml (1 c. à soupe) de wasabi préparé
910 g (2 lb) de poisson de qualité sashimi au choix

Riz à sushi vinaigré :
La préparation du riz est l'élément clé dans la confection
du sushi.

Dans une petite poêle, faites frémir 75 ml (2½ oz) de
vinaigre rouge à feu moyen, avec le sel, le mirin et le
sucre, jusqu'à ce que le sucre fonde. Ne laissez pas bouillir
le vinaigre. Ajoutez le kombu et retirez du feu. Laissez
tiédir à température ambiante. Lorsque c'est tiède, ajoutez
le reste du vinaigre (on procède ainsi parce que la chaleur
tend à dégrader le bouquet du vinaigre). Cela donne
suffisamment de vinaigre pour faire deux recettes de riz
comme celle donnée ici.

Rincez à fond le riz en changeant plusieurs fois l'eau
froide. Lorsque l'eau n'est plus trouble, le rinçage est
terminé. Lorsque le riz est nettoyé, faites-le tremper dans
l'eau froide 30 minutes si c'est l'hiver ou 15 minutes si c'est
l'été. Égouttez le riz dans un tamis.

Dans une casserole épaisse, versez le riz et 930 ml
(4 tasses) d'eau froide. Portez à ébullition à feu vif et
laissez bouillir 1 minute. Réglez à feu doux et poursuivez
la cuisson 5 minutes. Augmentez de nouveau à feu vif
pour 10 secondes seulement. Retirez la casserole du feu et
laissez reposer le riz cuit à couvert pendant 15 minutes.
Éliminez tout excès de liquide.

Pendant que le riz est toujours très chaud, frottez l'intérieur
d'un hangiri (baquet à riz) ou d'un grand saladier avec un
morceau de kombu mariné dans le vinaigre. Ensuite, étalez
le riz cuit en une couche mince au fond du baquet. Avec une
spatule à riz ou une cuillère de bois plate, remuez le riz
comme si vous tranchiez au travers, tout en l'arrosant
uniformément avec la moitié du vinaigre préparé. Le
mouvement de la spatule à riz doit être vif et régulier.
Évitez de trop remuer, car cela rendrait le riz collant.

Tranchez à travers le riz à partir du fond, pour bien le
retourner. Continuez à mélanger le vinaigre, en
tranchant en diagonale et en chassant le riz vers un
rebord du baquet. Couvrez avec un linge humide bien
essoré jusqu'au moment d'utiliser (le riz doit être utilisé
avant qu'il ne devienne trop dur).

Finition des sushis :
Avec un doigt, pressez environ 15 ml (1 c. à soupe) de riz à
sushi vinaigré dans la paume de votre main pour former
un ovale ferme. Étalez du wasabi au goût et garnissez
d'une tranche de poisson, d'environ 3 mm (⅛ po)
d'épaisseur, de façon à couvrir assez élégamment le riz.

Pour 4 personnes

C'est un cuisinier fantastique du domaine Selvapiana en Toscane, où j'achète mon vin, qui m'a montré à faire ces pâtes all'arrabiata. Je ne prétends pas que ce soit le mets le plus raffiné du monde, mais c'est mon « plat-réconfort » favori lorsque je passe une soirée à la maison. Je ne sais pas exactement pourquoi — je pense que c'est parce que je suis dépendant des chilis, et qu'une grande quantité de ces derniers me rend heureux. Traditionnellement, la recette est faite avec des pennes, mais je pense qu'elle fonctionne très bien avec des spaghettis.

J'aime également les parsemer de pangrattato (chapelure), une tradition héritée de l'ancienne paysannerie, à l'époque où les riches consommaient du parmesan, ce que ne pouvaient s'offrir les autres. Alors, ils faisaient frire du pain rassis, avec un peu de thym peut-être, ou de l'ail, ou du chili, afin qu'il soit goûteux et croquant. Ils pouvaient ensuite en répandre sur les pâtes pour avoir le même sentiment de richesse qu'apportent le parmesan ou le pecorino râpés. Sur des pâtes all'arrabiata, je pense que c'est un délice.

100 ml (7 c. à soupe) d'huile d'olive, davantage pour arroser
2 chilis rouges ou peperoncini séchés, broyés ou finement hachés
4 gousses d'ail, émincées
1 oignon rouge, haché menu
3 boîtes de 400 g (14 oz) de bonnes tomates italiennes, égouttées, ou 800 ml
   (3½ tasses) de purée de tomates (passata)
Sel de mer et poivre noir fraîchement moulu
500 g (18 oz) de spaghettis
5 ml (1 c. à thé) de vinaigre de vin rouge
45 ml (3 c. à soupe) de miettes de pain rassis
15 ml (1 c. à soupe) de thym frais, haché (facultatif)
Feuilles de sauge frites (facultatif)

Dans une grande sauteuse, faites chauffer environ 75 ml (5 c. à soupe) de l'huile à feu doux. Ajoutez les chilis, l'ail et l'oignon et faites cuire doucement pendant environ 3 minutes. Ajoutez les tomates et faites cuire jusqu'à ce que la sauce soit assez épaisse (environ 20 minutes).

Pendant ce temps, portez à ébullition une grosse marmite d'eau salée. Faites cuire les spaghettis dans l'eau bouillante selon les instructions de l'emballage. Égouttez les pâtes en réservant 60 ml (¼ tasse) d'eau de cuisson.

Une fois la sauce épaisse, ajoutez le vinaigre de vin rouge. Assaisonnez au goût.

Pour faire le pangrattato, faites chauffer le reste de l'huile dans une poêle à feu moyen. Ajoutez les miettes de pain et le thym, si désiré. Faites frire les miettes de pain environ 3 minutes ou jusqu'à ce qu'elles soient croustillantes.

Ajoutez à la sauce les pâtes égouttées et l'eau de cuisson réservée, en remuant pour enrober les pâtes. Arrosez d'huile d'olive extra vierge et parsemez de pangrattato. Si vous le désirez, vous pouvez garnir les pâtes avec des feuilles de sauge frites.

Pour 4 personnes

Enfants, mon frère et moi regardions ma mère préparer les crêpes et les mangions aussi vite qu'elles sortaient de la poêle — habituellement avec de la confiture maison, mais parfois avec une pincée de sucre ou un peu de chocolat râpé. Je refais cette gâterie pour ma fille, au petit-déjeuner, de temps à autre. C'est une recette simple qui remporte toujours un grand succès.

160 ml (⅔ tasse) de farine tout usage
2 gros œufs
2 ml (½ c. à thé) de sucre, plus pour la garniture
175 ml (¾ tasse) de lait écrémé
15 ml (1 c. à soupe) d'huile de maïs ou de canola, plus pour huiler la poêle
Confitures ou conserves de fruits de la meilleure qualité : fraises, abricots, coings, framboises, prunes, ou fruits similaires
Chocolat râpé (facultatif)

Dans un bol, mélangez la farine, les œufs, le sucre et 60 ml (¼ tasse) de lait. Remuez au fouet jusqu'à consistance lisse. Le mélange sera assez épais. Ajoutez le reste du lait et l'huile, puis remuez jusqu'à consistance lisse.

Graissez légèrement le fond d'une poêle antiadhésive de 20 à 23 cm (8 à 9 po). Faites chauffer la poêle sur feu moyen à vif. Lorsqu'elle est très chaude, ajoutez environ 45 ml (3 c. à soupe) d'appareil à crêpes, en penchant la poêle dans un mouvement circulaire pour couvrir tout le fond de la poêle avec la pâte. Procédez rapidement, pour éviter que la pâte prenne avant que le fond ne soit entièrement couvert ; la crêpe serait plus épaisse que désiré.

Faites cuire la crêpe pendant environ 45 secondes du premier bord, puis la retourner et faites cuire environ 20 secondes de l'autre bord. En finissant les crêpes, empilez-les dans une assiette, le premier côté doré face en bas, afin qu'une fois les crêpes garnies et pliées, ce beau côté soit visible. Il est préférable de cuire et garnir les crêpes juste avant de les manger.

Pour garnir, étalez environ 30 ml (2 c. à soupe) de confiture ou 5 ml (1 c. à thé) de sucre ou 10 ml (2 c. à thé) de chocolat râpé sur chaque crêpe. Pliez en deux, pour emprisonner la garniture, puis pliez en deux une nouvelle fois. Mangez immédiatement.

Pour 4 personnes

75 ml (5 c. à soupe) de sucre de palme
30 ml (2 c. à soupe) d'eau
2 petits chilis séchés
120 ml (½ tasse) plus 15 ml (1 c. à soupe) d'huile végétale
120 ml (½ tasse) de sauce soja japonaise biologique
120 ml (½ tasse) de vinaigre de vin de riz
2,5 ml (½ c. à thé) de poudre de moutarde japonaise
1 oignon rouge de grosseur moyenne, pelé et râpé
2,5 ml (½ c. à thé) de grains de poivre noir concassés
1 petite botte de jeunes pousses de mâche (doucette), parée
1 botte de jeunes pousses de shiso (menthe japonaise), parée
1 petite botte de jeunes pousses de cresson de fontaine, parée
250 à 300 g (9 à 11 oz) de thon de qualité sashimi, coupé en tranche de 3 mm
  (⅛ po) d'épaisseur
Gingembre mariné (facultatif)
Wasabi préparé (facultatif)

Sauce :
Dans une casserole à fond épais, caraméliser le sucre de palme à feu moyen, puis ajouter l'eau et retirer la casserole du feu. Dans une sauteuse, noircir les chilis dans 15 ml (1 c. à soupe) d'huile végétale, puis les broyer. Dans un grand bol à mélanger, mélanger la sauce soja, le vinaigre de saké et les derniers 120 ml (½ tasse) d'huile végétale. Ajouter la poudre de moutarde et remuer jusqu'à dissolution complète. Ensuite, incorporer le mélange de sucre de palme, l'oignon râpé et les grains de poivre concassés.

Finition et présentation :
Dresser la mâche, le shiso et le cresson dans un grand plat de service. Disposer les sashimis de thon autour des verdures, et verser la sauce sur le tout. Excellent avec du gingembre mariné et du wasabi.

— MARTIN PICARD —
TARTE DE BOUDIN AU FOIE GRAS

✻

Pour 4 personnes

1 plaque de pâte feuilletée
115 g (8 c. à soupe) de beurre
4 oignons moyens, émincés
Sel et poivre fraîchement moulu
395 ml (1⅔ tasse) de béchamel
10 ml (2 c. à thé) de moutarde de Dijon
790 g (1¾ lb) de boudin
20 pommes de terre rattes ou Fingerling, bouillies
250 ml (1 tasse) de fond de gibier
200 g (7 oz) de foie gras au sel
30 ml (2 c. à soupe) de persil plat haché

Abaisser la pâte à 3 mm (⅛ po) d'épaisseur et y découper 4 cercles de 15 cm (6 po) de diamètre. Garder au froid.

Dans une grande sauteuse, faire fondre 55 g (4 c. à soupe) de beurre à feu doux. Ajouter les oignons et cuire jusqu'à caramélisation, soit approximativement 45 minutes. Assaisonner et réserver.

Préchauffer le four à 230 °C (450 °F). Étendre environ 80 à 120 ml (⅓ à ½ tasse) de béchamel et environ 2 ml (½ c. à thé) de moutarde sur chacune des pâtes. Recouvrir d'une couche d'oignons caramélisés. Cuire 15 minutes au four.

Pendant ce temps, trancher le boudin en rondelles de 1 cm (½ po) d'épaisseur. Faire de même avec les pommes de terre.

Dans une grande poêle, faire fondre 30 g (2 c. à soupe) de beurre à feu moyen. Poêler les tranches de pommes de terre pour leur donner une belle coloration. Ajouter les rondelles de boudin et les saisir légèrement. Assaisonner. Déglacer la poêle avec le fond de gibier. Laisser réduire environ au quart, puis incorporer les derniers 30 g (2 c. à soupe) de beurre, en remuant pour le faire fondre. Rectifier l'assaisonnement.

Quand les fonds de tarte sont cuits, disposer pêle-mêle le boudin, les pommes de terre et verser la sauce sur chaque tarte. Ajoutez quelques traits de moutarde de Dijon. Terminer en ajoutant des tranches de foie gras au sel.

Couronner le tout d'un peu de poivre fraîchement moulu et de persil haché. Servir immédiatement et manger avec les doigts pour obtenir plus de saveur.

— GORDON RAMSAY —
RÔTI DE BOEUF AVEC PUDDING DU YORKSHIRE
ET SAUCE AU VIN ROUGE

Pour 4 à 6 personnes

Selon la mère de la photographe Jill, il faut de « l'amour et de la graisse chaude » pour confectionner des puddings du Yorkshire parfaitement croustillants. Je ne la contredirai pas !

1 rôti de côte de 1,2 à 1,5 kg (2¾ à 3⅓ lb), sur l'os
2,5 ml (½ c. à thé) de sel de mer, plus pour assaisonner le boeuf
Poivre noir fraîchement moulu
30 ml (2 c. à soupe) d'huile d'olive
240 ml (1 tasse) de farine ordinaire
4 oeufs, battus
300 ml (1¼ tasse) de lait
Environ 60 ml (4 c. à soupe) d'huile végétale (ou de graisse de boeuf) pour la cuisson
3 à 4 brins de thym
4 gousses d'ail, non pelées
2 oignons rouges, pelés et tranchés
4 tomates italiennes, coupées en deux
½ bouteille de vin rouge, soit environ 375 ml (1½ tasse)
1,2 l (5 tasses) de bouillon de boeuf

Préchauffez le four à 200 °C (400 °F). Salez et poivrez le boeuf et saisissez-le de tous les côtés dans un plat à rôtir avec l'huile d'olive, environ 3 à 4 minutes de chaque côté. Enfournez et faites rôtir 15 minutes par 450 g (1 lb) pour une cuisson saignante ou 20 minutes par 450 g (1 lb) pour une cuisson à point.

Pour préparer la pâte à pudding du Yorkshire, tamisez la farine et 2,5 ml (½ c. à thé) de sel dans un grand bol. Ajoutez les oeufs et la moitié du lait, puis battez jusqu'à consistance lisse. Incorporez le reste du lait et laissez reposer la pâte.

Lorsque le boeuf est cuit, mettez-le dans un plat chaud et réservez-le au chaud, légèrement couvert de papier d'aluminium, pendant la cuisson du pudding et la préparation de la sauce. Augmentez la chaleur du four à 230 °C (450 °F). Mettez 5 ml (1 c. à thé) d'huile végétale, ou mieux encore, de graisse de boeuf provenant du plat à rôtir, dans chacune des sections d'un moule à puddings du Yorkshire (ou d'un moule à muffins) à 12 trous. Enfournez-le sur la grille supérieure jusqu'à ce qu'il soit très chaud, presque fumant.

Pendant ce temps, fouettez à nouveau la pâte. Aussitôt que le moule est retiré du four, remplissez aux trois quarts chaque section du moule (vous devriez entendre un grésillement) et remettez-le immédiatement dans le four. Faites cuire pendant 12 à 20 minutes, jusqu'à ce que les puddings du Yorkshire aient bien levé, et soient dorés et croustillants. N'ouvrez pas la porte du four avant la fin de la cuisson, ou ils pourraient s'affaisser.

Pour faire la sauce, versez le surplus de graisse dans une grande poêle, puis chauffez à feu moyen en ajoutant le thym, l'ail, les oignons et les tomates. Faites cuire pendant 4 à 5 minutes, puis incorporer le vin et faites mijoter. Réduisez les tomates avec un pilon à purée, afin d'épaissir la sauce. Incorporez le bouillon et laissez bouillonner pendant 10 minutes, ou jusqu'à ce que la sauce ait réduit de moitié. Filtrez la sauce au tamis, en pressant les légumes pour extraire leurs saveurs. Portez de nouveau à ébullition et laissez réduire jusqu'à consistance de sauce épaisse. Rectifiez l'assaisonnement.

Découpez des tranches minces de boeuf. Servez avec la sauce et les puddings du Yorkshire, accompagnés de chou poêlé, de carottes glacées et de pommes de terre rôties.

Pour 4 personnes

J'adore cette ratatouille chaude, sur des pâtes ou du couscous, ou sortant directement du réfrigérateur lorsque je rentre tard du restaurant.

60 ml (4 c. à soupe) d'huile d'olive, plus autant que nécessaire
1 aubergine, moyenne à grosse, pelée et coupée en cubes de 1 cm (½ po)
Sel de mer
2 courgettes, moyennes à grosses, coupées en deux sur le sens de la longueur, puis en
    tranches de 1 cm (½ po)
1 gros oignon jaune, coupé en cubes de 1 cm (½ po)
1 poivron, coupé en morceaux de 2,5 cm (1 po) de long
    (n'importe quelle couleur fera l'affaire)
1 boîte de 830 ml (28 oz) de tomates en dés, égouttées
    (buvez le jus de tomates : c'est fabuleux !)
1 à 3 gousses d'ail, hachées
Poivre fraîchement moulu

Dans une grande poêle, faites chauffer 60 ml (4 c. à soupe) d'huile d'olive sur feu moyen à vif. Lorsque l'huile est très chaude, ajoutez l'aubergine et enrobez-la d'huile. Salez généreusement et faites rôtir jusqu'à l'obtention d'une belle couleur dorée. Surveillez attentivement l'aubergine, en remuant souvent, afin d'éviter qu'elle ne roussisse. Une fois colorée, retirez l'aubergine avec une cuillère à égoutter et réservez dans un bol, où elle attendra les autres légumes. Gardez l'huile dans la poêle pour cuire les courgettes.

Ensuite, versez les courgettes dans la poêle et remuez pour les enrober d'huile. Encore une fois, salez et surveillez attentivement pour vous assurer que les courgettes soient bien grillées sans brûler. Une fois les courgettes colorées, retirez-les de l'huile et placez-les avec les aubergines. Vérifiez s'il reste assez d'huile dans la poêle pour rôtir les oignons. Il faudra peut-être en ajouter 15 ml (1 c. à soupe) ou un peu plus. Versez les oignons dans la poêle, salez et

faites rôtir jusqu'à l'obtention d'une belle couleur dorée. Enlevez les oignons qui iront rejoindre les légumes dans le bol. Ajoutez un peu d'huile dans la poêle pour le poivron, si nécessaire. Mettez le poivron dans la poêle et saler. C'est le légume le plus difficile à faire griller parce qu'il brûle facilement. Surveillez-le avec des yeux d'aigle ! Réglez le feu à moyen-doux, cela prendra un peu plus de temps, mais le résultat n'en sera que plus intéressant.

Finalement, reversez tous les légumes grillés dans la poêle. Il vous en faudra peut-être une plus grande s'ils débordent. Ajoutez les tomates et l'ail. Couronnez la ratatouille de plusieurs tours de moulin à poivre, puis remuez pour bien mélanger les ingrédients. Réglez à feu doux et laissez mijoter de 30 à 45 minutes, à découvert, en remuant de temps à autre. Les légumes se trouvant au fond de la poêle devraient commencer à caraméliser. C'est ce qui donne à cette ratatouille son goût formidable. Servez chaud et dégustez les restes plus tard.

— ERIC RIPERT —
PAIN DE CAMPAGNE TRUFFÉ

Pour 1 personne

1 pain de campagne
Ail frais
Beurre non salé
Truffes noires
Gros sel
Poivre du moulin, mouture grossière
Huile d'olive extra vierge

Ce met simple est un vrai régal. J'aime prendre un magnifique pain de campagne, très rustique, de mon boulanger local : un genre de miche avec une croûte craquante et une mie plutôt ferme. Ce devrait être une miche moyenne, de façon à ce que vous puissiez vous préparer une ou deux belles longues tranches. Tranchez le pain à un bon 1,2 cm (½ po) d'épaisseur. Enfournez-le directement sur la grille pour le faire griller. En évitant de le mettre sur une plaque à pâtisserie, vous obtiendrez un pain grillé qui sera craquant en entier, et non seulement sur le dessus. Lorsque le pain est croustillant, retirez-le du four. Prenez une tête d'ail frais et enlevez une gousse ou deux. Pelez-les et frottez-les sur le pain grillé. Un arôme d'ail devrait chatouiller vos narines, mais ne vous inquiétez pas, le goût ne sera pas trop prononcé. Ensuite, étalez du beurre non salé sur le pain. J'aime prendre du beurre froid, car il en reste davantage sur le pain plutôt que de l'imbiber.

Maintenant, c'est la partie vraiment décadente qui commence : les truffes fraîchement tranchées. Les truffes doivent avoir de jolies marbrures foncées au centre et, bien sûr, être très parfumées. J'aime les émincer sur une mandoline à truffes, mais vous trouverez peut-être que les trancher aussi mince que possible avec votre couteau le mieux aiguisé convient aussi bien. Tranchez suffisamment de truffes pour couvrir la tranche de pain en entier avec une couche d'environ 6 mm (¼ po). Prenez un délicieux sel de mer — des cristaux plus gros, comme ceux de la fleur de sel, ajoutent du croquant et de la saveur — pour en parsemer généreusement les truffes. Parsemer les truffes d'un peu de poivre fraîchement moulu. Pour finir, il vous faudra une huile d'olive extra vierge qui sera fruitée, mais pas trop acide. Vous ne devriez déceler aucune amertume lorsque vous la goûtez seule. Une huile avec une acidité de 0,3 % serait parfaite. Arrosez le pain d'huile d'olive et vous serez prêt à vous régaler !

— MARCUS SAMUELSSON —
GRAVLAX ET SAUCE MOUTARDE

Pour 10 à 12 personnes en amuse-gueule, ou plus dans un buffet

240 ml (1 tasse) plus 10 ml (2 c. à thé) de sucre granulé
120 ml (½ tasse) plus 1 ml (¼ c. à thé) de sel casher
30 ml (2 c. à soupe) de grains de poivre blanc concassés
1 filet de saumon de 1 à 1,3 kg (2½ à 3 lb) avec la peau, toutes les arêtes enlevées
3 grosses bottes d'aneth frais avec les tiges, grossièrement hachées, et 120 ml
   (½ tasse) de frondes finement hachées
30 ml (2 c. à soupe) de moutarde au miel préparée
5 ml (1 c. à thé) de moutarde de Dijon
20 ml (1½ c. à soupe) de vinaigre de vin blanc
15 ml (1 c. à soupe) de café fort, froid
1 ml (¼ c. à thé) de poivre noir fraîchement moulu
175 ml (¾ tasse) d'huile de pépins de raisin ou de canola
1 pain à la pomme de terre et à la moutarde, ou aux grains entiers, en tranches minces

Gravlax :
Dans un petit bol, mélangez bien 240 ml (1 tasse) de sucre, 120 ml (½ tasse) de sel et les grains de poivre. Placez le saumon dans un plat peu profond et frottez une poignée du mélange de sel de chaque côté du poisson. Puis, la peau en bas, parsemez le saumon avec le reste du mélange de sel et recouvrez avec l'aneth haché. Couvrez le plat et saumurez au réfrigérateur pendant 3 jours.

Sauce moutarde :
Dans un mélangeur, réduisez les deux moutardes, 10 ml (2 c. à thé) de sucre, 1 ml (¼ c. à thé) de sel, le vinaigre, le café et le poivre. Pendant que l'appareil fonctionne, ajoutez l'huile en filet, en mélangeant jusqu'à ce la sauce soit épaisse et crémeuse. Transvidez la sauce dans un bol et incorporez les frondes d'aneth hachées. Couvrez et réfrigérez au moins 4 heures, ou toute la nuit, pour que les arômes se mélangent.

Finition et présentation :
Grattez l'assaisonnement du gravlax. Tranchez finement le gravlax en diagonale, ou laissez-le entier pour que les convives se servent eux-mêmes. Servez avec la sauce moutarde et des tranches minces de pain à la pomme de terre et à la moutarde, ou aux grains entiers.

❧

Pour 1 personne

Mon dernier repas sur Terre comprendrait assurément un bifteck de contre-filet
primé épais, de 14 à 16 onces, avec le gras. Ce serait probablement un steak au
poivre, fait avec ma recette et ma sauce.

1 bifteck de contre-filet primé de 400 à 450 g (14 à 16 oz)
Sel et poivre, au goût
30 ml (2 c. à soupe) d'huile d'olive pour rôtir la viande
45 à 60 ml (3 à 4 c. à soupe) de beurre
60 ml (¼ tasse) d'échalote française, en dés menus
⅓ bouteille d'un grand vin rouge (comme un cabernet)
Jus de citron, au goût, environ 1 ml (¼ c. à thé)

*Salez et poivrez le bifteck. Dans une poêle à frire, faites
chauffer l'huile d'olive à feu très vif. Saisissez le bifteck
jusqu'à ce qu'il soit noir et bleu (bien saisi à l'extérieur,
mais très saignant), moins de 1 minute de chaque côté.
Retirez-le de la poêle.*

*Faites fondre le beurre dans la même poêle que vous avez
utilisée précédemment, puis ajoutez l'échalote et faites-la
revenir jusqu'à ce qu'elle soit dorée. Ensuite, ajoutez le vin
et réduisez au tiers. Incorporez le jus de citron, puis salez
et poivrez au goût. La sauce devrait être soyeuse et napper
le dos d'une cuillère. Versez-la sur le steak... puis montez au
ciel !*

— NANCY SILVERTON —
CAPONATA À L'AUBERGINE

Pour 4 personnes

1 grosse aubergine, la tige enlevée, pelée
15 ml (1 c. à soupe) de sel casher
60 ml (¼ tasse) plus 30 ml (2 c. à soupe) d'huile d'olive extra vierge
1 ml (¼ c. à thé) de poivre noir fraîchement moulu
½ oignon jaune, coupé en dés de 1 cm (½ po)
2 gousses d'ail, émincées
30 ml (2 c. à soupe) de pignons
30 ml (2 c. à soupe) de raisins de Corinthe
120 ml (½ tasse) de sauce tomate, de préférence sans fromage et sans viande
5 ml (1 c. à thé) de feuilles de thym frais
15 ml (1 c. à soupe) de câpres
2,5 ml (½ c. à thé) de flocons de piment rouge
60 ml (¼ tasse) d'olives Kalamata, dénoyautées
30 ml (2 c. à soupe) de vinaigre balsamique

Aubergine :

Préchauffer le four à 230 °C (450 °F). Couper l'aubergine dans le sens de la longueur en 4 sections autour du centre et jeter le centre contenant les graines. Couper les sections en cubes de 2,5 cm (1 po). Dans un grand bol, mélanger l'aubergine avec le sel, 60 ml (¼ tasse) d'huile d'olive extra vierge et le poivre noir. Mettre l'aubergine sur une plaque à cuisson et cuire pendant 30 à 35 minutes ou jusqu'à coloration dorée. Retirer l'aubergine du four et réserver.

Caponata :

Dans une grande poêle à frire, chauffer 30 ml (2 c. à soupe) d'huile d'olive extra vierge à feu moyen, jusqu'à ce que l'huile soit presque fumante. Ajouter l'oignon, l'ail, les pignons et les raisins de Corinthe. Cuire environ 4 à 5 minutes, en remuant souvent, jusqu'à ce que les oignons soient attendris et les pignons rôtis. Incorporer la sauce tomate, l'aubergine, le thym, les câpres, les flocons de piment rouge, les olives et le vinaigre balsamique. Porter le mélange à ébullition et laisser mijoter pendant 4 à 5 minutes ou jusqu'à épaississement. Servir à température ambiante.

MASA TAKAYAMA
CRABE MATSUBA GRILLÉ

Pour 2 personnes

Le secret de cette recette réside dans un excellent crabe frais. Le crabe Matsuba est similaire au crabe des neiges ; sa chair est douce et tendre.

2 gros crabes Matsuba
Sel au goût
2 feuilles de 20 cm (8 po) de papier de riz
240 ml (1 tasse) de saké

Avec un grand couteau ou un couperet, sectionner les pattes et les pinces du corps de chaque crabe. Couper les pattes à l'articulation pour obtenir de plus petits morceaux. Ouvrir le corps du crabe en soulevant le dessus de la carapace et enlever les branchies. Couper le corps en quatre et saupoudrer les morceaux de crabe généreusement de sel.

Préchauffer un gril à feu moyen. Faire tremper le papier de riz dans le saké pendant 15 minutes. Jeter les morceaux de crabe sur le gril et les couvrir avec le papier de riz, comme avec une couverture. Griller environ 12 à 15 minutes, jusqu'à ce que le crabe soit bien cuit.

— LAURENT TOURONDEL —
SANDWICH BLT AU THON GRILLÉ

✳

Pour 6 personnes

680 g (1½ lb) de thon à nageoires jaunes, coupé en 12 tranches d'environ 1 cm
   (½ po) d'épais
120 ml (½ tasse) d'huile d'olive, plus pour badigeonner le thon
Sel de mer fin et poivre fraîchement moulu, au goût
20 ml (4 c. à thé) de jus de citron fraîchement pressé
2,5 ml (½ c. à thé) d'ail haché
1 grosse botte de roquette, les tiges dures enlevées
120 ml (½ tasse) de mayonnaise
60 ml (¼ tasse) de tapenade aux olives
1 miche de pain italien rustique, coupée en diagonale en 12 tranches de 1 cm
   (½ po) d'épaisseur, grillées
12 tranches de bacon fumé au bois de pommier, cuit jusqu'à consistance croustillante
1 oignon rouge de grosseur moyenne, tranché
2 tomates mûres, tranchées
3 œufs durs, écalés et tranchés
170 g (6 oz) de parmigiano-reggiano, émincé avec un économe ou une mandoline
1 avocat mûr, Hass de préférence
1 botte de basilic, les tiges dures enlevées

Cuisson du thon :
*Préchauffez une poêle gril ou le barbecue à feu moyen.
Badigeonnez légèrement chaque morceau de thon avec de
l'huile d'olive. Saupoudrez chaque côté du thon de sel et de
poivre. Mettez le thon dans la poêle ou sur la grille et
faites-le cuire 1 à 2 minutes de chaque côté ou jusqu'à
cuisson saignante ou à point, selon votre préférence.*

Préparation de la roquette :
*Dans un bol moyen, fouettez 120 ml (½ tasse) d'huile
d'olive, le jus de citron et l'ail. Salez et poivrez au goût.
Ajoutez la roquette et remuez bien.*

Finition des sandwiches :
*Étalez de la mayonnaise et de la tapenade sur chaque
tranche de pain. Répartissez le bacon, l'oignon, les
tomates, les œufs, le parmesan et l'avocat sur la moitié des
tranches. Garnissez avec le thon, le basilic et la roquette.
Recouvrez avec le reste du pain, le côté tartiné vers le
bas. Coupez les sandwiches en deux et servez
immédiatement.*

— Charlie Trotter —
Bouchées de thon à nageoires jaunes
avec sauce au soja, au yuzu et à la coriandre fraîche

Pour 2 personnes

225 g (½ lb) de thon à nageoires jaunes (qualité sashimi), coupé en dés de 1 cm (½ po)
10 ml (2 c. à thé) de pâte d'ail et chili
25 ml (1½ c. à soupe) de gingembre finement haché
25 ml (1½ c. à soupe) d'échalote française finement hachée
10 ml (2 c. à thé) de graines de sésame noir
3 ciboules dont on utilisera seulement la partie verte, coupées finement en diagonale
25 ml (1½ c. à soupe) d'huile de sésame
Sel
30 ml (2 c. à soupe) de jus de citron yuzu
15 ml (1 c. à soupe) de sauce soja
15 ml (1 c. à soupe) de coriandre fraîche hachée
15 ml (1 c. à soupe) d'huile d'olive

Bouchées de thon :
Dans un bol, mélangez le thon, la pâte d'ail et chili, le gingembre, l'échalote, les graines de sésame, les parties vertes de ciboule et l'huile de sésame. Mélangez les ingrédients et salez au goût. Réservez au froid.

Sauce :
Dans un petit bol, versez le jus de citron, la sauce soja et la coriandre fraîche. Incorporez lentement l'huile d'olive au fouet.

Finition et présentation :
Dressez des dés de thon au centre de chaque assiette et cerclez d'un peu de sauce.

Note :
Les citrons yuzu sont un agrume japonais parfumé, dont la saveur est différente des citrons que l'on retrouve au supermarché. On peut se procurer du jus de citron yuzu en bouteille et, parfois, des citrons frais dans les boutiques gastronomiques et spécialisées. Si vous ne pouvez dénicher de jus de citron yuzu, vous pouvez le remplacer dans cette recette par une quantité égale de jus de citron ordinaire.

Pour 10 personnes

910 g (2 lb) de thon de qualité sashimi, paré
60 ml (¼ tasse) d'huile de pépins de raisin
5 échalotes françaises, pelées et émincées
9 chipotles (jalapenos fumés), rôtis et hachés
2 chilis ancho, rôtis et hachés
6 piments thaïs séchés
20 ml (4 c. à thé) de graines de rocou
5 ml (1 c. à thé) de clous de girofle, rôtis
4 bâtonnets de cannelle, rôtis et broyés
5 ml (1 c. à thé) de grains de poivre du Sichuan, concassés
1,7 l (7 tasses) d'eau
75 ml (5 c. à soupe) de sel
180 ml (¾ tasse) plus 15 ml (3 c. à thé) de sucre
1 boîte de tapioca à grosses perles
60 ml (4 c. à soupe) d'huile de chili
710 ml (3 tasses) de jus de noix de coco
180 ml (¾ tasses) de lait de coco
1 piment bahamien vert, haché
175 ml (¾ tasse) de jus de lime frais, plus 90 ml (3 oz) pour la finition
5 tiges de citronnelle, écrasées et finement hachées
40 feuilles de kaffir, hachées
1 dolique bulbeux, pelé et coupé en losanges de 5 mm (¼ po)
1 poire asiatique, pelée et coupée en losanges de 5 mm (¼ po)
45 ml (3 c. à soupe) de ciboule, hachée
1 poivron rouge, rôti pour noircir la peau, pelé et coupé en losanges de 5 mm (¼ po)

Préparation du thon :
Couper le thon en tranches de 2,5 cm (1 po) de long, 1 cm (½ po) de large et 3 mm (⅛ po) d'épais. Plier chaque tranche en deux. Dresser le thon dans des plats individuels, en comptant environ 85 g (3 oz) par personne. Réfrigérer jusqu'au moment de servir.

Tapioca au chili :
Dans une casserole moyenne, chauffer l'huile de pépins de raisin à feu moyen. Faire revenir les échalotes, les chipotles, les chilis ancho, les piments thaïs, les graines de rocou, les clous de girofle, la cannelle et les grains de poivre jusqu'à coloration dorée. Ajouter l'eau, 60 ml (4 c. à soupe) de sel et 15 ml (3 c. à thé) de sucre. Porter à ébullition. Ajouter ensuite le tapioca et cuire jusqu'à ce qu'il devienne transparent, en remuant de temps à autre. Filtrer le tapioca et verser dans un contenant avec couvercle. Verser l'huile de chili sur le tapioca et réfrigérer.

Bouillon à la lime et à la noix de coco :
Dans une grande casserole, mélanger le jus de noix de coco, le lait de coco, le piment bahamien, 180 ml (¾ tasse) de jus de lime, 180 ml (¾ tasse) de sucre et 5 ml (1 c. à thé) de sel. Porter à ébullition. Incorporer la citronnelle et les feuilles de kaffir et retirer immédiatement la casserole du feu. Laisser tiédir le mélange à découvert. Lorsqu'il sera tiède, filtrer le liquide au tamis fin et incorporer le jus de lime.

Finition et présentation :
Saupoudrer le thon d'un peu de sel. Répandre le tapioca sur le thon, puis le dolique bulbeux et finalement la poire. Parsemer de ciboule, puis de poivron rouge. Couvrir à mi-hauteur de bouillon à la lime et à la noix de coco.

— TETSUYA WAKUDA —
TARTARE DE THON AU FROMAGE DE CHÈVRE

Pour 4 personnes

250 g (9 oz) de thon, en dés menus
1 pincée de poivre blanc
15 ml (1 c. à soupe) d'huile d'olive
5 ml (1 c. à thé) d'anchois hachés menu
60 g (2 oz) de fromage de chèvre frais, haché menu
10 ml (¾ c. à soupe) de ciboulette finement hachée
7 ml (½ c. à soupe) de sauce soja
7 ml (½ c. à soupe) de mirin
1 pincée de sel de mer
1 pincée de poivre de Cayenne
1 pincée d'ail finement haché
2,5 ml (½ c. à thé) de gingembre finement haché
1 petite botte de bébé shiso (menthe japonaise), pour la garniture
1 petite botte de mâche (doucette), pour la garniture

Dans un grand bol, mélanger tous les ingrédients (sauf la garniture). Diviser dans 4 plats de service, puis garnir de feuilles de shiso et de mâche.

— JONATHAN WAXMAN —
SANDWICHES AUX SABLÉS ET À LA CRÈME GLACÉE

Donne environ 6 sandwiches

345 g (¾ lb) de beurre
240 ml (1 tasse) plus 120 ml (½ tasse) de sucre
15 ml (1 c. à soupe) de vanille
720 ml (3 tasses) de farine à pâtisserie biologique, plus pour saupoudrer
4 ml (¾ c. à thé) plus une pincée de sel
4 jaunes d'œuf
120 ml (½ tasse) de lait
120 ml (½ tasse) de crème fraîche (double crème)
1 gousse de vanille
120 ml (½ tasse) de chocolat au lait, haché en petits morceaux
560 g (1 pinte) de fraises sauvages

Préparation des sablés :
Dans un bol, battre le beurre en crème avec 240 ml (1 tasse) de sucre, puis ajouter la vanille. Incorporer la farine et 4 ml (¾ c. à thé) de sel, juste pour former une pâte, en évitant de trop mélanger. Façonner la pâte en cylindres de 8 cm (3 po) de diamètre, puis les envelopper dans de la pellicule plastique. Réfrigérer pendant 30 minutes. Trancher les cylindres pour obtenir des disques de 5 mm (¼ po) d'épaisseur et saupoudrer généreusement de sucre. Enfourner les sablés à 175 °C (350 °F) pour 12 à 15 minutes, jusqu'à coloration dorée, mais pas trop foncée.

Préparation de la crème glacée :
Dans un petit bol, mélanger 120 ml (½ tasse) de sucre, les jaunes d'œuf et une pincée de sel. Fouetter jusqu'à consistance homogène et jusqu'à ce que les jaunes aient blanchi un peu. Réserver. Dans une petite casserole, verser le lait et la crème. Séparer la gousse de vanille sur la longueur et gratter les graines dans le lait, puis ajouter la gousse de vanille. Réchauffer précautionneusement le mélange de lait, en remuant souvent, jusqu'à ce qu'il commence à bouillir. Laisser macérer pendant 5 minutes.

Incorporer au fouet le mélange de lait chaud dans l'appareil aux œufs, jusqu'à consistance homogène et lisse. Reverser le nouveau mélange dans la casserole. Ajouter le chocolat et remuer. En remuant constamment, réchauffer le mélange à feu moyen jusqu'à ce qu'il commence à épaissir et nappe le dos d'une cuillère de bois. Transvider le mélange dans un bol trempant dans un bain de glace. Remuer le mélange jusqu'à ce qu'il soit froid, puis le congeler dans une machine à glace.

Finition des sandwiches :
Utiliser 60 ml (¼ tasse) de crème glacée par deux biscuits, former un sandwich et congeler. Servir avec un bol de vraies fraises sauvages !

RESTAU

FERRAN ADRIÀ

El Bulli (Barcelone)

TOM AIKENS

Tom Aikens (Londres)

JOSÉ ANDRÉS

Jaleo, Café Atlántico, Minibar by José Andrés, Oyamel, Zaytinya (région de Washington, D.C.)

RANTS

ELENA ARZAK ET
JUAN MARI ARZAK

Restaurante Arzak (San Sebastián, Espagne)

DAN BARBER

Blue Hill (New York), Blue Hill at Stone Barns (Pocantico Hills, New York)

LIDIA BASTIANICH

Felidia, Becco, Esca, Del Posto (New York) ; Lidia's (Pittsburgh et Kansas City)

MARIO BATALI

Babbo, Lupa, Esca, Otto, Casa Mono/Bar Jamón, Del Posto (New York) ;
Pizzeria Mozza/Osteria Mozza (Los Angeles) ; B&B Ristorante, Enoteca San Marco (Las Vegas)

RICK BAYLESS

Frontera Grill, Topolobampo (Chicago)

MICHELLE BERNSTEIN

Michy's, Social Sagamore (Miami) ; Social Hollywood (Los Angeles)

RAYMOND BLANC

Le Manoir aux Quat'Saisons (Oxford, Angleterre)

APRIL BLOOMFIELD

The Spotted Pig (New York)

DANIEL BOULUD

Daniel (New York), Café Boulud (New York et Palm Beach), DB Bistro Moderne (New York),
Daniel Boulud Brasserie (Las Vegas), Feast and Fêtes Catering (New York)

ANTHONY BOURDAIN

Brasserie Les Halles (New York)

GUILLAUME BRAHIMI

Guillaume at Bennelong (Sydney, Australie)

AMIT CHOWDHURY

The Taj Mahal Hotel (New Delhi, Inde)

SCOTT CONANT

L'Impero, Alto (New York)

GARY DANKO

Gary Danko (San Francisco)

HÉLÈNE DARROZE

Hélène Darroze (Paris)

VIMAL DHAR

Devi Garh Hotel (Udaipur, Inde)

ALAIN DUCASSE

Le Louis XV — Alain Ducasse (Monaco), La Bastide de Moustiers (Provence),
Alain Ducasse au Plaza Athénée (Paris), Le Relais Plaza (Paris), La Cour Jardin (Paris),
SPOON food and wine (Paris), Bar & Bœuf (Monaco), Spoon des Îles by Alain Ducasse (Maurice),
L'Hostellerie de l'Abbaye de la Celle (Provence), Spoon at Sanderson (Londres), Spoon Byblos (Saint-Tropez),
Auberge Iparla (Pays basque français), Aux Lyonnais (Paris), SPOON by Alain Ducasse (Hong Kong),
Tamaris (Beyrouth), BEIGE Alain Ducasse (Tokyo), MIX in Las Vegas, La Trattoria Toscana (Toscane),
Ostapé (Pays basque français), Le Domaine des Andéols (Provence), Benoit (Paris et Tokyo),
Le Relais du Parc (Paris), be boulangépicier (Paris et Tokyo), Café be au Printemps de la Maison (Paris)

WYLIE DUFRESNE

WD-50 (New York)

TYLER FLORENCE

Chef, auteur et animateur à la télé (Tyler's Ultimate, Food 911 et How to Boil Water)

SUZANNE GOIN

Lucques, AOC, the hungry cat (Los Angeles)

GABRIELLE HAMILTON

Prune (New York)

ANGELA HARTNETT

Angela Hartnett at The Connaught (Londres), Cielo by Angela Hartnett (Boca Raton, Floride)

FERGUS HENDERSON

St. John, St. John Bread & Wine (Londres)

PAUL KAHAN

Blackbird, Avec (Chicago)

THOMAS KELLER

The French Laundry (Yountville, Californie), Per Se (New York), Bouchon (Yountville, Californie), Bouchon (Las Vegas), Bouchon Bakery (New York), Ad Hoc (Yountville, Californie)

ANITA LO

Annisa (New York)

GIORGIO LOCATELLI

Locanda Locatelli (Londres)

CHUI LEE LUK

Claude's Restaurant (Sydney, Australie)

NOBU

Restaurants Nobu et Matsuhisa à travers le monde

JAMIE OLIVER

Fifteen London, Fifteen Cornwall, Fifteen Amsterdam, Fifteen Melbourne

JACQUES PÉPIN

Chef, auteur de livres de cuisine, enseignant culinaire et animateur à la télé

NEIL PERRY

Rockpool (Sydney, Australie), Rockpool Bar and Grill (Melbourne, Australie)

MARTIN PICARD

Au Pied de Cochon (Montréal)

GORDON RAMSAY

Gordon Ramsay at the London West Hollywood, Gordon Ramsay at the London (New York),
Restaurant Gordon Ramsay, Pétrus (Londres), Gordon Ramsay at Claridge's (Londres),
Angela Hartnett at The Connaught (Londres), the Savoy Grill (Londres), Boxwood Café (Londres),
Maze (Londres), La Noisette (Londres), Banquette (Londres), Cielo by Angela Hartnett (Boca Raton, Floride),
Gordon Ramsay at Conrad Tokyo, Verre (Dubai)

MICHEL RICHARD

Citronelle (Washington, D.C.)

ERIC RIPERT

Le Bernardin (New York)

MARCUS SAMUELSSON·

Aquavit (New York)

GUY SAVOY

Guy Savoy (Paris et Las Vegas)

LYDIA SHIRE

Locke-Ober (Boston)

NANCY SILVERTON

Pizzeria Mozza, Osteria Mozza (Los Angeles) ; La Brea Bakery (États-Unis d'Amérique)

MASA TAKAYAMA

Masa (New York)

LAURENT TOURONDEL

BLT Steak, BLT Fish, BLT Prime, BLT Burger (New York)

CHARLIE TROTTER

Charlie Trotter's (Chicago)

JEAN-GEORGES VONGERICHTEN

Jean Georges/Nougatine, JoJo, Mercer Kitchen, Vong, 66, Spice Market, Perry St. (New York) ; Vong's Thai Kitchen (Chicago) ; Prime Steakhouse (Las Vegas) ; Bank (Houston) ; Café Martinique, Dune (Paradise Island, the Bahamas) ; V, Rama (Londres) ; Market (Paris) ; Jean Georges Shanghai

TETSUYA WAKUDA

Tetsuya's (Sydney, Australie)

JONATHAN WAXMAN

Barbuto (New York)

Merci !

Mes premiers remerciements s'adressent à Nigel.
Merci d'avoir été gentil, serviable et fantastique durant mon année de « chefs-d'œuvre ».

Je souhaite également remercier particulièrement Farley Chase, Geoff Katz, Giovanni C. Russo,
Hugo Reyes, Jennifer Stanek, Karen Rinaldi, Koji Hokari et Lindsay Sagnette,
que j'ai relancés jour et nuit, sans relâche.
Marc Haeringer, merci d'avoir testé toutes les recettes.
Merci à Eric Ripert qui m'a permis, sans autre cérémonie, de couper sa tête sur la couverture !
Tony Bourdain, merci pour la merveilleuse introduction.

Adriana Gelves, Alexandre Chemla, Alexei Orescovic, Alina Lundry, Altour International,
American Airlines, Anne Madden, Arnaud Adida, Aude de Margerie, Beth Collier, Bloomsbury USA,
Brianne Moncrief, Carol Heron, Caroline DeJean, Chateau Versailles, Chris Glassman, Chris March,
Chris Protopapas, Christine Hahn, Creative Photographers Inc., Danny Greer, Daria Fabian,
Deborah Williams, Deborah Williamson, Denise Feltham, Donna Imbriani, Dorothy Hamilton,
Elisa Lipsky-Karasz, Emma Parry, Florence Sicard Russo, Fred Chatterton, Fuel Digital Labs,
George Dunea, Glen Dorman, Gregg Delman, Grill Bitch, Industria Superstudios, Jack Parry,
Jeanne Hollande, Jeff Dymowski, Jenna Menard, Jennifer Crawford, Jessica Branson,
Joanna McClure, John Kohler , Justus Oehler, Ken Friedman, Khaled Anwar, Kimberly Slayton,
Kristin Powers, Lisa Greer, Maggie Goudsmit, Margo Katz, Martine Sicard, Matt Furman,
Mike O'Connor, Nikki Wang, No11 Inc., Oscar Desouza, Pam Katz, Paul Judice, Paul Katz,
Paula Froelich, Paula Lizarraga, Peta O'Brien, Polly Napper, Ramon Palacios-Pelletier, Rick Kaplan,
Sarah Louise Tildesley, Scott Waxman, Sunshine Flint, Taylor Steel, Tim Bizzarro,
Uncle David, Uta Tjaden, Yves Sicard

Je souhaite remercier d'une façon particulière les attachés de direction et les agents de publicité des chefs.
Sans eux, je n'aurais pas eu un seul chef dans ce livre.
J'ai vraiment apprécié les cajoleries, le harcèlement et la ténacité qu'ils ont déployés pour amener
les chefs à leur séance de photographies !

Aisha Cooper, Alex Hasbany, Aline Oshima, Anna Hextall, Belinda Colley, Belquis Thompson,
Beth Atresky, Carine Guillemot-Polito, Carolyn Wang, Charlotte March, Courtney Bone, Cristina Cortes,
Daniel Del Vecchio, Dianne James, Diva Dan, Ellen Malloy, Gaëlle Cerf, Georgette Farkas,
Gregory Brainin, Heather Freeman, Helene Bagge, Irene Hamburger, Isabel Adria, Jen Fite,
Jennifer Compton, Jessica Aufiero, Jessica Kingsland, Jo Barnes, June Fujise, Ken Friedman, Kim Yorio,
Kirsty Tyrrell, Kristine Keefer, Laura Hiser, Laura Savoy, Laura Trevino, Lauren M. Kehnast, Lisa Klint,
Liz McMullan, Mandy Oser, Mel Davis, Michael Krikorian, Nesrine El Ayoubi, Norma Galehouse,
Pam Lewy, Rachael Carron, Rochelle Smith, Sarah Abell, Sarah Carter, Sonja Toulouse, Stefanie Cangiano,
Suzanna de Jong, Tiffany Hoffman, Tracey Clinton, Vicki Wild, Victoire Obindou

Toutes les recettes publiées dans Mon dernier repas ont été aimablement communiquées par les chefs et demeurent leur propriété exclusive, sauf dans le cas de recettes ayant déjà été publiées et reproduites ici avec une autorisation spéciale : « Shrimp in Crazy Water » tirée de Mario Batali Holiday Food © 2000 Mario Batali ; avec permission de Clarkson Potter / Publishers, une division de Random House, Inc. · « Roast Bone Marrow with Parsley Salad » tirée de The Whole Beast : Nose to Tail Eating © 2004 Fergus Henderson. · « Seared Foie Gras and Green Apple Risotto » et « Vinegar Reduction » tirées de Scott Conant's New Italian Cooking avec Joanne McAllister Smart © 2005 Scott Conant ; avec permission de Broadway Books, une division de Random House, Inc. · « My Friend Suzy's Best French Fries in the World » adaptée de la recette originale, publiée sous le titre « Les meilleures frites du monde de ma copine Suzy » dans Personne ne me volera ce que j'ai dansé © Hélène Darroze ; Le Cherche Midi, 2005. · « My Favorite Simple Roast Chicken » tirée de Bouchon © 2004 Thomas Keller ; avec permission d'Artisan, une division de Workman Publishing Co., Inc., New York, tous droits réservés. · « Crêpes à la Confiture » tirée de Jacques Pepin's Table, KQED Books,1995. · « Roast Beef with Yorkshire Pudding and Red Wine Gravy » tirée de Gordon Ramsay's Sunday Lunch © Gordon Ramsay ; Quadrille Publishing, 2006. · « Gravlax with Mustard Sauce » tirée de Aquavit : And the New Scandinavian Cuisine de Marcus Samuelsson © 2003 Townhouse Restaurant Group ; reproduite avec la permission de Houghton Mifflin Co. ; tous droits réservés.

Éditeur : François Doucet
Traduction : Kurt Martin
Révision linguistique : Micheline Forget, Isabelle Veillette
Correction d'épreuves : Suzanne Turcotte, Marie-Lise Poirier
Typographie et mise en page : Sylvie Valois, Matthieu Fortin
Montage de la page couverture : Matthieu Fortin
ISBN 978-2-89565-790-3
Première impression : 2008
Dépôt légal : 2008
Bibliothèque et Archives nationales du Québec
Bibliothèque Nationale du Canada

Éditions AdA Inc.
1385, boul. Lionel-Boulet
Varennes, Québec, Canada, J3X 1P7
Téléphone : 450-929-0296
Télécopieur : 450-929-0220
www.ada-inc.com
info@ada-inc.com

Diffusion

Canada :	Éditions AdA Inc.
France :	D.G. Diffusion
	Z.I. des Bogues
	31750 Escalquens - France
	Téléphone : 05-61-00-09-99
Suisse :	Transat - 23.42.77.40
Belgique :	D.G. Diffusion - 05-61-00-09-99

Imprimé en Chine

Participation de la SODEC.   SODEC

Nous reconnaissons l'aide financière du gouvernement du Canada par l'entremise du Programme d'aide au développement de l'industrie de l'édition (PADIÉ) pour nos activités d'édition.
Gouvernement du Québec - Programme de crédit d'impôt pour l'édition de livres - Gestion SODEC.

CATALOGAGE AVANT PUBLICATION DE BIBLIOTHÈQUE ET ARCHIVES NATIONALES DU QUÉBEC ET BIBLIOTHÈQUE ET ARCHIVES CANADA

Dunea, Melanie
Mon dernier repas : 50 chefs-étoiles et leur repas ultime
Traduction de : My last supper.
ISBN 978-2-89565-790-3

1. Cuisiniers - Entretiens. 2. Gastronomie. 3. Cuisine internationale. I. Titre. II. Titre: 50 grands chefs et leurs repas ultimes. III. Titre: Cinquante grands chefs et leurs repas ultimes.

TX649.A1D8614 2008   641.5092′2   C2008-941078-5

Index

Un grand bravo à World Hunger Year pour tout le travail fantastique qu'ils accomplissent.